AF741924

POLITIQUE AMÉRICAINE

Directeur de la publication
et rédacteur en chef
Frédéric Heurtebize

Comité de rédaction

Pierre Bourgois, *Université de Bordeaux* • **Elisa Chelle**, *Université Paris Nanterre* • **Marion Douzou**, *Université Lyon II* • **Elisabeth Fauquert**, *Université Paris 1 Panthéon-Sorbonne* • **Aurélie Godet**, *Université de Paris* • **Frédéric Heurtebize**, *Université Paris Nanterre* • **Alix Meyer**, *Université de Bourgogne* • **Sébastien Mort**, *Université de Lorraine* • **Yves-Marie Péréon**, *Université Paris 2 Panthéon-Assas* • **Aurore Portet**, *Sciences-Po Lyon* • **François Vergniolle de Chantal**, *Université de Paris* • **Julien Zarifian**, *Université de Cergy-Pontoise*

Conseil scientifique

Akhil Reed AMAR, *professeur de droit et de science politique, Faculté de droit, Université Yale*
Daniel BÉLAND, *Université McGill*
Suzanne BERGER, *professeur de science politique, M.I.T., Massachusetts Institute of Technology*
Anne-Lorraine BUJON DE L'ESTANG, *directrice de la revue* Esprit
Bruce CAIN, *professeur de science politique, Université Stanford, Californie*
James W. CEASER, *professeur de science politique, Université de Virginie*
Jack CITRIN, *professeur de science politique, Institute for Governmental Studies, Université de Californie, Berkeley*
John D. DONAHUE, *professeur de science politique, John F. Kennedy School of Government, Université Harvard*
Alexandra DE HOOP SCHEFFER, *directrice du bureau parisien du German Marshall Fund*
Frédérick DOUZET, *Université de Paris VIII*
Francis FUKUYAMA, *professeur de relations internationales, Senior Fellow at the Freeman Spogli Institute for International Studies, Stanford University*
Charles O. JONES, *professeur émérite de science politique, Université de Wisconsin-Madison*
Robert O. KEOHANE, *professeur de relations internationales, Université de Princeton*
Charles A. KUPCHAN, *professeur de relations internationales, Université Georgetown*
DENIS LACORNE, *Centre d'études et de recherches internationales (CERI Sciences-Po)*
David R. MAYHEW, *professeur de science politique, Université Yale*
Vincent MICHELOT, *Sciences-Po Lyon*
Sidney MILKIS, *professeur de science politique, Miller Center, Université de Virginie*
Joseph S. NYE, *professeur émérite de relations internationales, John F. Kennedy School of Government, Université Harvard*
Robert B. REICH, *professeur d'économie politique, Université de Californie, Berkeley*
Andrew RUDALEVIGE, *professeur de science politique, Bowdoin College*
Larry J. SABATO, *professeur de science politique, Université de Virginie*
Saskia SASSEN, *professeur de sociologie, Université de Columbia*
Steven SKOWRONEK, *professeur de science politique, Université Yale*
Anne-Marie SLAUGHTER, *professeur de relations internationales, Woodrow Wilson School of Public and International Affairs, Université Princeton*
Rogers SMITH, *professeur de science politique, Université de Pennsylvanie*
Ezra SULEIMAN, *professeur de science politique, Université Princeton*
Serge SUR, *professeur des universités, Université de Paris- Panthéon-Assas*
Bruno TERTRAIS, *maître de recherches, Fondation pour la Recherche Stratégique*
Margaret WEIR, *professeur de science politique et de sociologie, Université de Californie, Berkeley.*

Maquette réalisée par ATA AYATI
Secrétariat de rédaction : TAMARA BOUSSAC

Revue publiée en partenariat avec l'Institut des Amériques et avec le soutien du German Marshall Fund

Institut des Amériques

G|M|F The German Marshall Fund of the United States
STRENGTHENING TRANSATLANTIC COOPERATION

© L'Harmattan, 2020
5-7, rue de l'École Polytechnique ; 75005 Paris
http://www.editions-harmattan.fr
ISBN : 978-2-343-20446-8
EAN : 9782343204468

Sommaire

Dossier dirigé par
Lauric Henneton

Éditorial

Frédéric Heurtebize*

Les résultats de l'élection présidentielle américaine au soir du 8 novembre 2016 ont pris la plupart des observateurs de cours. Allait entrer à la Maison-Blanche un candidat qui, toute la campagne durant, avait repoussé les limites du dicible, rompu avec toutes les règles, brisé tous les tabous. Pendant la phase des primaires comme après l'investiture du Parti républicain, Trump a défendu le programme le plus hétérodoxe et le plus transgressif, notamment en politique étrangère : érection d'un mur à la frontière sud des États-Unis, *Muslim ban*, instauration de barrières douanières élevées sur les importations chinoises et mexicaines, renégociation ou retrait de l'ALENA et du Traité de partenariat transpacifique. Ces mesures phares, assorties d'un rejet massif du multilatéralisme et des alliances militaires, promettaient de liquider plus d'un demi-siècle d'un consensus qui, dans des proportions variables, avait mêlé promotion du libre-échange et interventionnisme politique et militaire dans le but de façonner un monde ouvert fondé sur des règles communes (*rules-based order*)[1].

Si les positions de Trump se sont avérées fluctuantes sur maints sujets, avant comme après son élection, sa critique de l'interventionnisme et de l'internationalisme repose sur des convictions anciennes et profondes. Pour lui, l'appareil diplomatique et militaire américain, ainsi que les institutions internationales mises en place après la Seconde Guerre mondiale pour assurer la

* Frédéric Heurtebize est maître de conférences en histoire et civilisation américaines à l'université Paris Nanterre et membre du comité de rédaction de la revue *Politique Américaine*. Spécialiste de la politique étrangère des États-Unis, il a notamment publié *Le péril rouge, Washington face à l'eurocommunisme* (PUF, 2014). Il vient de codiriger, avec Maud Quessard et Frédérick Gagnon, *Alliances and Power Politics in the Trump Era: America in Retreat?* (Palgrave Macmillan, 2020).

1 Sur la politique étrangère de Donald Trump voir notamment Quessard, Heurtebize et Gagnon, dir., *Alliances and Power Politics, op. cit.* ; Ivo Daalder and James Lindsay, *The Empty Throne: America's Abdication of Global Leadership*, New York, Public Affairs, 2018; Robert Jervis *et al.*, dir., *Chaos in the Liberal Order: The Trump Presidency and International Politics in the Twenty-First Century*, New York, Columbia University Press, 2018. Sur le rôle des États-Unis dans la mise en place d'un ordre libéral international, voir G. John Ikenberry, *Liberal Leviathan: The Origins, Crisis, and Transformation of the American World Order*, Princeton, Princeton University Press, 2011.

défense du « monde libre », se sont avérés trop coûteux pour les États-Unis, lesquels n'ont que trop peu reçu en retour. À la fin des années 1980, déjà, le magnat de l'immobilier déclarait que le Koweït devait céder le quart de ses recettes pétrolières aux États-Unis puisque c'était grâce à la stabilité régionale que garantissait Washington que l'émirat pouvait vendre son pétrole sur les marchés internationaux. Durant la campagne et depuis son investiture, il n'a cessé de fustiger l'OMC, défavorable aux intérêts américains, mais aussi les partenaires européens de l'OTAN, accusés de profiter des largesses de l'Amérique et de négliger l'effort de défense collective – argument recevable, au demeurant. Depuis son arrivée à la Maison-Blanche, le président américain s'est entre autres retiré de l'accord de Paris sur le climat, du l'accord sur le nucléaire iranien, de l'Unesco ou, en pleine crise du coronavirus en avril 2020, a appelé à suspendre les fonds alloués à l'Organisation mondiale de la santé. Des retraits qui, à chaque fois, ont prétendument pour but de lever les entraves à la souveraineté ou aux intérêts de Washington sur la scène internationale.

Aussi sincère soit-elle, la critique de l'internationalisme n'en fut et n'en demeure pas moins utile électoralement. En adoptant une approche unilatéraliste et souverainiste, Donald Trump entend signaler le retour de l'État protecteur, attitude paradoxale pour un président républicain – d'autant qu'elle s'accompagne de baisses d'impôts et prive donc l'État fédéral de ressources – mais qui répond à une demande, notamment chez les Américains les plus fragiles qui ont souffert des effets de la mondialisation. En ce sens, la géographie de l'électorat qui porta Trump à la présidence se révéla rapidement riche d'enseignements. Traditionnellement démocrates, les États de la Pennsylvanie, du Michigan et du Wisconsin ont penché, certes de peu, en faveur du candidat républicain. Dans ces anciens bassins industriels de la Rust Belt, le message protectionniste et populiste a porté.

Tiré d'un colloque international intitulé « Le retour de la Rust Belt à l'heure des populismes » qui s'est tenu à l'université Paris-Est Créteil les 20 et 21 juin 2019, ce dossier de *Politique Américaine* entend justement examiner les liens entre désindustrialisation et populisme, analyser les conséquences sociales et électorales d'une évolution économique qui, depuis plusieurs décennies, favorise l'économie des services, accélère les flux de capitaux et valorise la mobilité au détriment d'une production industrielle territorialement fixée. La société post-industrielle ou, explique Zygmunt Bauman, la « modernité liquide » consacre le primat des fluides sur les solides. « Les fluides voyagent facilement, note Bauman. Ils coulent, débordent, éclaboussent, fuient, suintent [...], ils contournent les obstacles, en dissolvent d'autres [...]. De leur rencontre avec les solides, les fluides s'en tirent indemnes tandis que les solides, lorsqu'ils ont pu préserver cet état, en ressortent modifiés »[2]. À savoir moisis, noyés ou rouillés.

Le retour de la Rust Belt et des anciens bassins industriels au centre du jeu électoral met en lumière une opposition entre les *anywheres* et les *somewheres*. Les *anywheres*, explique le journaliste britannique David Goodhart, disposent d'une « identité portable acquise » grâce à un niveau d'étude élevé, des emplois qualifiés et une mobilité géographique qui les rendent plus ouverts à la nouveauté et à l'étranger ; en Europe de l'Ouest et en Amérique du Nord, ils dominent la culture et la société. Inversement, l'identité des « *somewheres* » se révèle davantage enracinée, déterminée par le lieu de vie, l'emploi exercé ou le groupe social ; ces derniers se montrent généralement moins à l'aise avec les changements rapides à l'œuvre dans la société et leur environnement[3]. Or, la réussite n'a jamais autant été associée à la mobilité, notait déjà l'intellectuel américain Christopher Lasch au milieu des années 1990, dénonçant ce qu'il estimait une « trahison de la démocratie » par les élites et appelant de ses vœux un « populisme vertueux »[4].

Au Royaume-Uni, l'ancien Premier ministre britannique Tony Blair semble incarner mieux que quiconque cette « trahison » des élites progressistes. En 2005, face aux critiques de l'aile gauche du Parti travailliste pointant les méfaits de la mondialisation sur les classes populaires, ce dernier écartait toute discussion, jugeant qu'elle revenait à « débattre pour savoir si l'été doit précéder l'automne ». Pour Blair, la mondialisation offrait « d'innombrables opportunités, pour ceux qui savent s'adapter, évitent de se plaindre, et se montrent ouverts, volontaires et capables de changer »[5]. Avec la victoire de Trump et le Brexit, ceux qui se plaignent ou qui souffrent du changement ont marqué des points, et avec eux le retour du populisme.

Journalistes et commentateurs ont largement usé des termes « populisme » et « populiste » pour qualifier la teneur du discours politique soutenant la sortie du Royaume-Uni de l'Union européenne ou les thématiques de prédilection de Donald Trump. Et de fait, la dimension anti-élite ou anti-*establishment* qui les caractérisent apparaît comme un élément central du discours des leaders populistes. Pourtant, s'il est nécessaire, un tel discours ne suffit pas à lui seul

2 Zigmunt Bauman, *Liquid Modernity*, Cambridge, Polity Press, 2000, p. 2.

3 David Goodhart, *The Road to Somewhere: The Populist Revolt and the Future of Politics*, Londres, Hurst, 2017, ch. 1.

4 Chritopher Lasch, *The Revolt of the Elites and the Betrayal of Democracy*, New York, Norton, 1995.

5 Cité dans Goodhart, *Road to Somewhere*, *op. cit.*

pour qualifier un leader politique de « populiste », note le politologue allemand Jan-Werner Müller. Dans *Qu'est-ce que le populisme ?*, ce dernier affirme que le discours doit également se révéler « anti-pluraliste ». En clair, hommes et femmes politiques peuvent être qualifiés de populistes lorsque, d'une part, ils prétendent qu'eux-seuls représentent le peuple et, d'autre part, lorsqu'ils excluent du « peuple » toute une partie de la population, à commencer par les sympathisants du ou des partis adverses. Seule une partie du peuple est le peuple[6]. Leader du parti UKIP, Nigel Farage vit dans le Brexit « la victoire du vrai peuple », excluant ainsi les 48 % de *remainers*. Tenus durant la campagne de 2016, ces propos de Trump illustrent également cette logique exclusive : « la seule chose qui compte, c'est l'unification du peuple, parce que les autres ne comptent pas »[7]. De même le président américain accuse-t-il régulièrement les médias d'« ennemi du peuple ».

Dans la perspective de l'élection de novembre 2020, les articles qui constituent le dossier tentent de cerner et d'analyser les enjeux politiques, économiques, culturels et sociaux à l'œuvre dans ces anciens bassins industriels ainsi que les ressorts du populisme dont ils sont un terrain favorable.

La première contribution jette les bases de la réflexion au cœur de ce dossier à l'échelle « macro ». Maître de conférences-HDR à l'université de Versailles-Saint-Quentin-en-Yvelines, **Lauric Henneton** y définit la Rust Belt, pose le constat et les enjeux. Examinant la « résurrection politique » de cette « ceinture de la rouille » qui replace les Blancs de la classe ouvrière ou les moins diplômés au centre du jeu politique, l'article aborde dans une première partie les dimensions électorale, sociologique, culturelle et identitaire à l'œuvre dans le basculement d'États naguère acquis aux candidats démocrates. Sentiment de déclassement, impression d'être délaissés par les élites, craintes face à l'immigration et à la place accrue accordée aux minorités, le vote Trump fut un vote de réaction, un vote protestataire ou, plutôt, un vote d'adhésion à la protestation d'un candidat lacérant tout ce que l'*establishment* conservateur ou progressiste tenait en estime. N'oublions pas, comme le souligne Mark Lilla, que Trump a défait les deux grands partis politiques, en commençant par celui qu'il représentait. « *The Breaker of the Idols did not come from the*

6 Jan-Werner Müller, *What Is Populism?*, Philadelphie, University of Pennsylvania Press, 2016, p. 7-23. Lauric Henneton voit également en Trump un « faux populiste ». Voir Lauric Henneton, « La démocratie américaine à l'épreuve du « trumpulisme » in Alain Dieckhoff *et. al. Populismes au pouvoir*, Paris, Presses de Sciences Po, coll. « L'enjeu mondial », 2019, p. 187-197 et « Trump, Sanders et la nouvelle donne populiste aux États-Unis », Les dossiers du CERI, Sciences Po, février 2018. https://www.sciencespo.fr/ceri/fr/content/dossiersduceri/trump-sanders-et-la-nouvelle-donne-populiste-aux-etats-unis

7 Cité dans Müller, *What Is Populism?*, *op. cit.*, p. 22.

left or from the right. He came from below »[8]. Dans un second temps, Lauric Henneton explore les stratégies de reconquête possibles chez les Démocrates pour reprendre leurs anciens bastions en vue de 2020.

L'article suivant, intitulé « Deaths of Despair » descend à l'échelle « micro » pour analyser les sources et les conséquences de la crise des opiacés dans deux comtés du nord-est de la Pennsylvanie. Au terme d'une enquête qualitative de terrain de plusieurs mois, **Nicolle Herzog**, doctorante à l'université de Versailles-Saint-Quentin-en-Yvelines, révèle une crise sociale protéiforme et souligne une contradiction majeure, déjà soulevée par l'essayiste américain Thomas Frank[9]. Alors que les plus défavorisés souffrent de services publics défaillants dans le domaine des transports ou de la santé (disponibilité et coût des soins en centres de désintoxication), ces deux comtés ont voté massivement pour Trump, candidat – certes hétérodoxe – d'un parti qui n'a cessé depuis la présidence Reagan de défendre un État minimal et d'assécher les ressources permettant le financement de ces services publics à travers plusieurs vagues de baisse d'impôt.

Les deux autres contributions adoptent de leur côté une approche comparative. Celle d'**Olivier Estèves**, professeur de civilisation britannique à l'université de Lille, examine le lien entre la désindustrialisation et le traitement des minorités à Cleveland, dans l'Ohio, et à Bradford, dans le West Yorkshire. L'article décrit et analyse les ressorts de l'opposition à la déségrégation et au racisme antinoirs à Cleveland et préjugés antimusulmans à Bradford, notamment suite à l'autodafé du roman de Salman Rushdie, *Les Versets sataniques*. L'article de **Pierre Baudry**, doctorant à l'EPHE, propose une étude croisée des dirigeants populistes aux États-Unis et en Allemagne, notamment à travers leur usage des forums et des institutions internationaux. Son travail montre comment Trump use des tribunes que lui offrent les organisations intergouvernementales, notamment à l'ONU, pour se poser, pour ainsi dire, en leader d'une « Internationale souverainiste », posture qui vise principalement à satisfaire la frange de son électorat hostile aux engagements internationaux des États-Unis et favorable à une politique unilatéraliste. De leur côté, les leaders d'Alternative für Deutschland (AfD) usent du Parlement européen pour compenser leur déficit de crédibilité et leur relative faiblesse sur la scène nationale.

8 Mark Lilla, *The Once and Future Liberal: After Identity Politics*, New York, Harper, 2017, ch. 1.
9 Thomas Frank, *What's The Matter With Kansas?: How Conservatives Won The Heart Of America*, New York, Metropolitan Books, 2004.

Ce numéro se conclut par une contribution hors-thème. Dans son article, **Agnès Trouillet**, docteur en civilisation américaine, scrute l'influence de la droite radicale sur le Parti républicain, à partir de l'avènement du Tea Party en 2010 et du Freedom Caucus. Fruit d'une enquête de terrain menée dans le Massachussetts, l'étude établit une typologie des organisations à l'œuvre dans la stratégie des conservateurs les plus radicaux, mais analyse également son approche *bottom up* dans sa quête d'influence au niveau national.

☑

Rust Never Sleeps : la double résurrection de la Rust Belt

Lauric Henneton*

Résumé

L'élection présidentielle de 2016 et la victoire inattendue de Donald Trump ont brutalement replacé la Rust Belt au cœur du jeu électoral américain. Dans cette région marquée par la désindustrialisation, le Michigan, le Wisconsin et la Pennsylvanie étaient jusque-là considérés comme de solides bastions démocrates, ce que l'histoire a invalidé de justesse, certes, mais avec des conséquences décisives. Cet article analyse la double résurrection de la Rust Belt, électorale d'une part, mais aussi socio-économique. Il fait état de la double polarisation socio-économique et électorale qui frappe également le pays tout entier et s'interroge sur les conditions d'une reconquête électorale par les Démocrates lors des scrutins à venir et les problèmes d'orientation stratégique qui en découlent, entre reprise de la Rust Belt et conquête de la Sun Belt, aux électorats assez nettement différents. Il explique enfin qu'une analyse sociopolitique de la Rust Belt ne peut se limiter, comme c'est trop souvent le cas, aux grandes métropoles : elle doit passer par le grain plus fin des comtés et, par conséquent, par un prisme quantitatif. Un lien structurel entre les deux Belts est une stratégie à destination des comtés suburbains.

Introduction

L'élection de novembre 2016 a clairement replacé la Rust Belt au cœur du jeu électoral aux États-Unis. En effet, si Donald Trump a perdu le vote populaire de près de trois millions de voix, sa victoire au collège électoral s'explique par un improbable alignement des planètes : sa victoire dans le bastion démocrate des États de la Rust Belt. Si l'Ohio est de plus en plus nettement acquis aux Républicains, certains analystes voient désormais le Michigan, la Pennsylvanie

* Lauric Henneton est maître de conférences à l'Université de Versailles Saint-Quentin-en-Yvelines. Il est titulaire d'une habilitation à diriger des recherches de l'Institut d'Études Politiques de Paris. Il est l'auteur d'une *Histoire religieuse des États-Unis* (Flammarion, 2012), de *La fin du rêve américain ?* (Odile Jacob) et d'un *Atlas historique des États-Unis* (Autrement, 2019). Il a codirigé *Du bon usage des commémorations : histoire, mémoire et identités* (avec B. Cottret, Presses universitaires de Rennes, 2010) et *Fear and the Shaping of Early American Societies* (avec L.H. Roper, Brill, 2016). Il coordonne actuellement un volume collectif sur la présidence Trump. Il a cofondé et codirige la Summer Academy of Atlantic History depuis 2009.

et le Wisconsin comme de « nouveaux États clés »[1]. Ce retour au centre du jeu politique s'accompagne de la résurrection d'une région (post-) industrielle, économiquement et humainement sinistrée, au contraire d'une Sun Belt (l'arc s'étendant de la Californie à la Virginie en passant par l'Arizona, le Texas, la Géorgie et la Floride) marquée par le dynamisme dans ces deux domaines, économique et démographique.

Après la crise économique et financière de 2007-2010, la faillite de Détroit, en 2013, semblait être le dernier clou dans le cercueil de la Rust Belt. Pourtant, c'était occulter la dynamique concomitante d'un certain renouveau économique – certes extrêmement disparate (« *real but patchwork rebound* »)[2]. Le dossier ci-après et cette introduction analysent donc la double résurrection de la Rust Belt, une résurrection politique à l'occasion de la victoire de Donald Trump, souvent présentée comme une réaction à l'abandon par la classe politique (notamment les Démocrates) d'une région sinistrée, et une résurrection économique, bien qu'en trompe-l'œil, qui pose la question de la place de l'élection de 2016 dans l'histoire politique américaine : s'agit-il d'un tournant, qui remettrait la Rust Belt au cœur des stratégies de conquête électorale au titre de nouveaux États-clés indispensables à toute configuration victorieuse dans la course à la Maison-Blanche ? Ou s'agit-il plutôt d'un accident de parcours, d'une aberration statistique, et la région regagnera-t-elle durablement le giron démocrate derrière le « *blue firewall* » qui semblait la protéger d'une conquête républicaine ?

Anatomie de la Rust Belt

La définition de la Rust Belt est délicate car la région n'a pas d'existence officielle et donc pas de frontières définies. Il s'agit d'abord de déterminer si l'on parle d'une région limitée aux États-Unis ou si l'on peut la considérer comme une région transfrontalière qui s'étend également au Canada voisin. Certaines études comparent par exemple l'évolution de Pittsburgh et de Hamilton, Ontario[3]. Le plus évident est la situation de Détroit, peut-être la principale ville de la Rust Belt : doit-on considérer que sa voisine immédiate, Windsor, appartient

1 Kyle Klondik, chercheur au Center for Politics de l'Université de Virginie, dans Jackie Borchardt et Rich Exner, « Donald Trump flipped Rust Belt states by boosting rural vote ; Hillary Clinton couldn't make up the difference », *Cleveland.com*, 11 novembre 2016.

2 Kenan Fikri et August Benzow, « Manufacturing's Real but Patchwork Rebound », Economic Innovation Group, 13 juin 2019, https://eig.org/news/research_articles/manufacturings-real-but-patchwork-rebound

3 Tracy Neuman, *Remaking the Rust Belt : The Postindustrial Transformation of North America*, Philadelphie, University of Pennsylvania Press, 2016.

à la même région, ou que cette région s'arrête nettement aux rives de la Detroit River ? Bien entendu, la réponse peut varier selon que l'on parle de la région économique ou de la région politique.

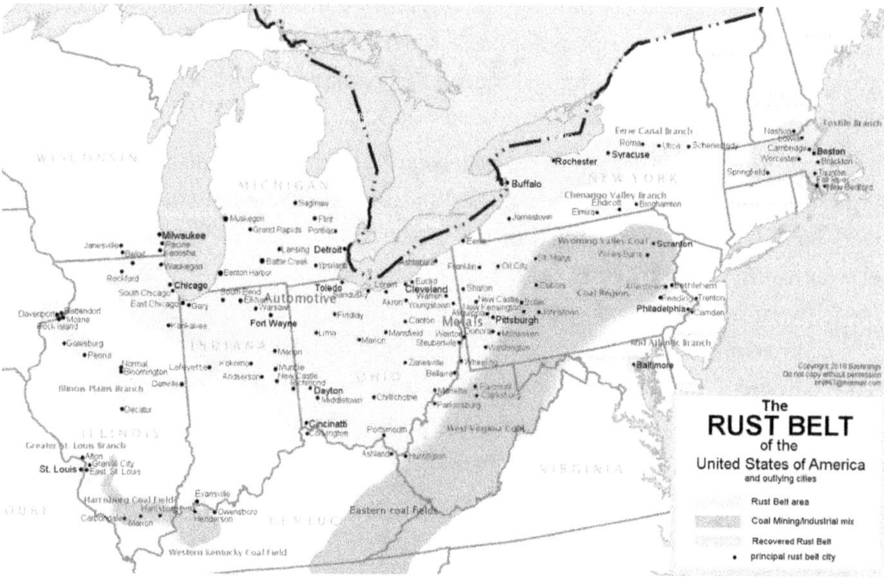

1. Carte de la Rust Belt, Brendan Jennings, in « Where is the Rust Belt? », Belt Magazine, 9 décembre 2013. https://beltmag.com/mapping-rust-belt/ Un des intérêts de cette carte est son utilisation par un site de ressources pédagogiques de l'Académie de Versailles, dans une version adaptée (et sans attribution). http://blog.ac-versailles.fr/detroit/index.php/category/Etape-1-:-Localisation-de-Detroit

De la même manière, des bassins comparables existent en dehors des États-Unis : on peut parler d'une Rust Belt à cheval sur la Lorraine et la Ruhr, mais aussi dans le Nord-Pas de Calais ou au Royaume-Uni, où elle engloberait à la fois le Nord du pays mais également les vallées minières du pays de Galles, et ne constituerait donc pas un ensemble contigu. Dans les pages qui suivent, Olivier Esteves et Pierre Baudry proposent deux lectures croisées de la Rust Belt états-unienne avec, respectivement, les Midlands (Bradford) et l'essor de l'Alternive für Deutschland en Allemagne, et leur exposition aux populismes.

Comme les autres « *belts* » économiques (Cotton Belt, Corn Belt) et culturelles (Bible Belt), la Rust Belt s'étend sur plusieurs États de façon partielle et imparfaite, si l'on considère la région économique. Cependant, dès que l'on considère le collège électoral ou les élections sénatoriales, les distinctions infra-étatiques s'effacent. Certains États sont donc considérés comme « de la Rust Belt » alors que seule une partie de leur territoire correspond à la Rust Belt économique (c'est très net pour le Wisconsin, voir carte 1) alors que d'autres ne sont pas considérés comme faisant partie de la Rust Belt politique (New York) bien qu'une langue de comtés le long du Lac Erié et du canal du même nom soient considérés comme relevant de la Rust Belt économique. L'Indiana est un cas intermédiaire : économiquement, l'État est coupé en deux, le nord étant globalement plus industriel que le sud. Politiquement, l'appartenance de l'Indiana au Midwest est nettement plus consensuelle que son appartenance à la Rust Belt.

La rouille est à la fois un état et le résultat d'un processus de corrosion, d'une transformation, d'un déclin. La Rust Belt se caractérise toujours par un processus de déclin, et parfois par un processus de renouveau. Le dénominateur commun des comtés de la Rust Belt est donc son passé industriel marqué par la prépondérance et la dépendance aux activités liées à l'extraction et la transformation (charbon, fer, acier) et l'industrie légère comme l'automobile, principalement au siège de Détroit, mais bien plus largement si l'on considère les implantations d'usines et de sous-traitants[4]. Plus généralement, la Rust Belt est la région qui se reconnait dans le diagnostic trumpien du « carnage américain » prononcé lors de son discours d'investiture en janvier 2017, mais qui avait constitué un des grands axes de sa campagne depuis juin 2015.

Pourtant, Trump n'est pas le premier candidat à identifier la Rust Belt comme une cible électorale. Le terme « Rust Belt » est généralement attribué à Walter Mondale, candidat démocrate en 1984. Lors d'un discours, il évoque en réalité le « *Rust Bowl* », le bassin de la rouille, et c'est la presse qui crée le parallèle avec la « Sun Belt », terme inventé par Kevin Philips, conseiller de Richard Nixon à qui l'on doit également le concept de « majorité silencieuse » en 1969. Plus précisément, Mondale parle de « vaste bassin de la rouille (*Rust Bowl*) marqué par un niveau de chômage tragique et des rêves brisés à travers tout le Midwest industriel », sacrifié selon lui par l'administration Reagan et ses choix budgétaires. Dans un parallèle intéressant mais en réalité typique de la rhétorique du candidat d'opposition, Mondale accuse Reagan d'avoir « ruiné ce rêve en Amérique » et annonce que s'il était élu président, il « le ramènerait (*bring it back*) pour les gens de ce pays[5] ». Trente ans plus tard, cette « nostalgie

4 Voir les cartes sur la dépendance économique des comtés américains pour 2015 : US Department of Agriculture, Economic Research Services, https://www.ers.usda.gov/data-products/county-typology-codes/descriptions-and-maps/

5 Bernard Weinraub, « Mondale, at Chicago Rally, says 'Tide is Turning', in '84 Election », *The New York Times*, 31 octobre 1984 ; https://www.nytimes.com/1984/10/31/us/mondale-at-chicago-rally-says-tide-is-turning-in-84-election.html; Anne Trubek, « Why the Term 'Rust Belt' Matters », *Belt Magazine*, 15 avril 2016 ; https://beltmag.com/why-rust-belt-matters/.

restaurationniste » est un des piliers du populisme de Donald Trump, qu'il partage également avec Bernie Sanders[6].

Bien sûr, en plus de tout ce qui sépare Trump et Mondale idéologiquement, l'un a subi une défaite historique et a perdu des États jusque-là considérés comme des bastions démocrates (avec l'émergence des « *Reagan Democrats* » analysés par Stanley Greenberg dès 1985), l'autre, au contraire, a emporté des États qui semblaient hors de portée. Les États qui ont fait basculer l'élection de 2016 – Wisconsin, Michigan et Pennsylvanie – totalisent 46 votes (sur 538) au collège électoral. Ce chiffre augmente si l'on ajoute l'Ohio et l'Indiana, mais ces deux états sont maintenant considérés comme penchant assez nettement du côté des Républicains. L'évolution démographique nettement différenciée entre Rust Belt et Sun Belt a eu pour conséquence la réattribution des Grands électeurs et par conséquent un transfert de poids politique du Nord vers l'arc de la Sun Belt (tableau 1).

	1960		2010	
	Poids démographique (en millions d'habitants)	Poids politique (Grands électeurs)	Poids démographique	Poids politique (Grands électeurs)
Rust Belt (MI, PA, WI)	23,1	64	28,3 (+22 %)	46 (-28 %)
Sun Belt (CA, TX, FL)	30,3	66	81,2 (+168 %)	122 (+85 %)

Tableau 1. Évolution du poids démographique et électoral, Rust Belt et Sun Belt, 1960-2010. Sources : population (Census.gov), nombre de grands électeurs (Dave Leip's Atlas of Presidential Elections, 1960, https://uselectionatlas.org/RESULTS/evote.php?year=1960&f=0 et National Archives, 2012-2020, https://www.archives.gov/federal-register/electoral-college/allocation.html

La victoire de Trump dans les trois États de la Rust Belt est historique car les Républicains n'avaient pas emporté le Wisconsin depuis 1984 (Reagan) et le Michigan et la Pennsylvanie depuis 1988 (Bush Sr.) Par ailleurs, la victoire de Donald Trump s'est jouée à un cheveu : 22 748 voix dans le Wisconsin sur près de 3 millions de suffrages exprimés, 10 704 voix dans le Michigan sur 4,8 millions de suffrages exprimés, et 44 292 voix en Pennsylvanie sur plus de 6 millions de

6 Lauric Henneton, « La démocratie américaine à l'épreuve du trumpulisme », in, *Populismes au pouvoir,* Alain Dieckhoff, Christophe Jaffrelot et Elise Massicard, dir., Paris, Presses de Sciences Po, 2019, p. 187-198 ; Id., « Trump, Sanders et la nouvelle donne populiste aux États-Unis », *Notes du CERI*, février 2018, https://www.sciencespo.fr/ceri/fr/node/24637.

suffrages exprimés. Au total, Trump empoche 46 grands électeurs pour 77 744 électeurs de plus qu'Hillary Clinton sur près de 14 millions de suffrages exprimés. Une marge aussi infime laisse le champ libre à de nombreuses explications : Jill Stein, la candidate écologiste, a recueilli plus de voix que ce qui a manqué à Hillary Clinton, par exemple. Faut-il pour autant lui attribuer la responsabilité de la défaite démocrate ? La réponse tient-elle davantage du transfert des voix d'un camp à l'autre ? Comme les « *Reagan Democrats* » de 1984, les « *Trump Democrats* » qui avaient voté Obama au moins en 2008 avant de faire défection peuvent-ils expliquer le glissement ? Faut-il y voir au contraire une incapacité interne au camp démocrate à mobiliser son électorat, sans que celui-ci franchisse pour autant le Rubicon partisan ? En effet, dans le comté de Milwaukee, Hillary Clinton reçoit 43 000 suffrages de moins qu'Obama en 2012, soit près de deux fois la marge qui lui fait perdre le Wisconsin. De même, dans le comté de Wayne (Détroit), Clinton réunit 76 000 suffrages de moins qu'Obama en 2012, soit sept fois la marge décisive dans le Michigan. Cependant, Clinton est-elle la seule coupable ? En réalité, dès 2012, Obama avait déjà fait nettement moins bien dans le même comté – pourtant largement acquis aux Démocrates – qu'en 2008. En deux élections, les Démocrates ont perdu 140 000 voix dans un comté qu'ils emportent pourtant avec 66,4 % des voix en 2016 (mais contre 74 % en 2008). Si Wayne reste bleu foncé sur les cartes électorales bicolores, cette stabilité visuelle tient de l'illusion d'optique.

La campagne républicaine, pour accentuer la ligne populiste, avait choisi de tenir la Convention du parti à Cleveland, Ohio, à l'été 2016. Conscients de leur présence insuffisante (et décisive) dans la région, les Démocrates ont choisi d'organiser leur convention de juillet 2020 à Milwaukee, préférée à Houston (qui a accueilli un débat démocrate), Denver et Miami (qui a accueilli deux débats démocrates). Le désir de réinvestir la Rust Belt est tardif mais évident[7].

La résurrection politique de la Rust Belt

La victoire de Donald Trump a sidéré l'opinion publique et la plupart des commentateurs aux États-Unis et au-delà. Pourtant, s'il est bien une région où les journalistes et les politistes avaient envisagé un succès de Trump tout au long de l'année 2016, c'est bien la Rust Belt. Une succession de reportages et

7 Charles J. Sykes, « Why the Democrats Chose Milwaukee », *CityLab.com*, 12 mars 2019.

d'études avaient documenté l'attrait des habitants de la Rust Belt pour Trump, et notamment les « *working class whites* »[8].

Malgré la popularité de Trump dans la Rust Belt et la région des Appalaches, qui la recoupe en partie, la surprise a laissé la place à un travail d'explication du phénomène. Comment la Rust Belt, jusqu'ici considérée comme bastion démocrate, a-t-elle pu basculer ? Stanley Greenberg est retourné dans le comté de Macomb, en périphérie de Détroit, où il avait déjà identifié les « *Reagan Democrats* ». Les électeurs qu'il y a interrogés documentent à présent les attentes et les comportements électoraux des « *Trump Democrats* »[9]. Plusieurs grandes explications ont été avancées, que l'on peut opposer rapidement (trop rapidement) en deux pôles : angoisses économiques vs racisme. Au lendemain de l'élection, le « grand récit » se structure rapidement autour des thématiques de campagne, qui avaient largement fait état du déclin de la Rust Belt et du sentiment d'abandon de ses habitants, laissés pour compte par un Parti démocrate de plus en plus côtier et favorable aux minorités, à la « classe créative » (R. Florida) et aux causes progressistes sur le plan sociétal. En réaction, les électeurs orphelins se seraient tournés vers les promesses de Trump.

Ainsi, dès le 9 novembre, un article du *Washington Post* révélateur de ce grand récit titrait « *How Trump Won : The Revenge of the Working Class Whites* ». L'auteur y explique que les États-Unis viennent de vivre un « moment comparable au Brexit, une révolte des ouvriers blancs qui se sentaient lésés par la mondialisation et mal à l'aise dans un pays de plus en plus divers où leur pouvoir politique leur semble avoir diminué. » Ces mêmes blancs non diplômés (définition habituelle des « *working class whites* », donc pas forcément « ouvriers ») auraient exprimé dans les urnes leurs « profondes angoisses raciales et culturelles », ou plutôt identitaires[10]. Parmi les facteurs économiques,

8 Keith O'Brien, « Uprising in the Rust Belt », *Politico Magazine*, 24 juin 2016 ; Adam Davidson, « Blaming Trade and Voting Trump in the Rust Belt », *The New York Times Magazine*, 6 juillet 2016 ; J. D. Vance, *Hillbilly Elegy : A Memoir of a Family and Culture in Crisis*, New York, Harper Collins, 2016 ; Justin Gest, *The New Minority : White Working Class Politics in an Age of Immigration and Inequality*, New York et Oxford, Oxford University Press, 2016. Un certain nombre de retours sur les lieux montrent une persistance de cet attrait, en dépit de trois ans d'actualité chargée : Jason Williams, « I went back home to Ohio's Trump Country. In Appalachia, honest people have hope again », *Cincinnati Enquirer*, 15 octobre 2019, publié sur le site de *USA Today*, ce qui lui donne une audience bien plus large que le lectorat du *Cincinnati Enquirer*. Voir aussi Trip Gabriel, « 'I gave the Other Guy a Shot' », *The New York Times*, 7 octobre 2019 (sur Erie County, Pennsylvanie). Le *Boston Globe* a choisi de consacrer toute une série de reportages sur différents lieux des quatre États de la Rust Belt qu'il considère comme cruciaux : http://apps.bostonglobe.com/nation/politics/2019/10/voters-2020-election/

9 Stanley Greenberg, « Macomb County in the Age of Trump », *GreenbergResearch*, 9 mars 2017, https://www.greenbergresearch.com/macomb/2017/3/9/macomb-county-in-the-age-of-trump

10 Jim Tankersley, « How Trump Won : The Revenge of the Working Class Whites », *The Washington Post*, 9 novembre 2016. Tankersley conclut sur un paradoxe qui a échappé au Grand Récit de

on trouve souvent la stagnation des salaires depuis les années 1970, après des années de forte augmentation. La disjonction entre diplômés et non diplômés, ajoutée à l'inflation, montre une polarisation économique, avec une chute du revenu médian de la deuxième catégorie – un phénomène dénoncé également par Bernie Sanders mais aussi par des économistes et essayistes bien avant la campagne de 2016[11].

La société d'analyse de données EMSI a calculé que les résultats de la présidentielle de 2016 étaient corrélés à l'évolution de la concentration des emplois agricoles, manufacturiers et d'extraction de ressources naturelles par rapport à la moyenne nationale. Sur six États (donc au-delà des trois États clés de la Rust Belt de 2016), 437 des 485 comtés où cette concentration a augmenté et où, par conséquent, la dépendance économique à ces secteurs a crû, ont voté Trump. Les 93 comtés où l'augmentation de cette concentration est trois fois supérieure à la moyenne ont tous voté Trump. De même les comtés qui ont voté Trump ont perdu davantage d'emplois manufacturiers que les comtés qui ont voté Clinton, y compris des comtés comme celui de Kenosha (Wisconsin), qui votaient habituellement démocrate. Une autre étude ultérieure a confirmé que les 207 comtés qui ont voté Obama puis Trump, au niveau national, ont tous été sérieusement affectés par la Grande Récession et n'ont toujours pas retrouvé les niveaux d'avant celle-ci. Paradoxalement, les deux premières années de la présidence Trump n'avaient pas apporté de changement significatif dans leur condition : ils étaient toujours à la traîne (« *lagging behind* »), marqués par une baisse de la population, notamment active, peu de créations d'emplois et de créations ou implantations d'entreprises. Paradoxalement, ce qui aurait porté Trump au pouvoir pourrait également devenir une frustration qui lui coûterait des soutiens et, potentiellement, sa réélection[12].

l'élection : « Critically, his huge margins among blue-collar whites would not have sufficed to deliver him the presidency, if he had not also maintained a slim advantage among whites with college degrees as well. As a group, those workers have been the winners of the new economy, blessed with cheaper imported consumer goods and a persistent wage advantage over their non-college counterparts. » Pour Nate Silver, les différences de niveau d'éducation et non de revenus constituent la ligne de fracture la plus évidente entre les comtés qui ont voté Trump ou Clinton. « Education, Not Income, Predicted Who Would Vote For Trump », *FiveThirtyEight.com*, 22 novembre 2016.

11 Voir notamment Hedrick Smith, *Who stole the American Dream ?*, New York, Random House, 2012. Sur la dimension intergénérationnelle du déclin de l'ascension sociale, voir les travaux de Raj Chetty et son équipe, notamment « Where is the Land of Opportunity? The Geography of Intergenerational Mobility in the United States », National Bureau of Economic Research Paper n° 18943, juin 2014, https://www.nber.org/papers/w19843 et Chetty et al., « The Fading American Dream: Trends in Absolute Income Mobility Since 1940 », *Science*, vol. 356, n° 6336, p. 398-406, décembre 2016.

12 Joshua Wright, « Rust Belt Counties Dependent on Blue-Collar Jobs Nearly All Voted for Trump », EMSI, 11 janvier 2017, https://www.economicmodeling.com/2017/01/11/

Pour d'autres analystes, le pôle économique souvent invoqué n'est pas réellement un facteur explicatif, en tout cas bien moins que le pôle « culturel » (identitaire), à savoir l'expression d'animosités raciales. Alan Abramovitz, de l'Université Emory, utilise les données d'une enquête du Pew Research Center pour montrer que « les attitudes raciales et non l'économie » (les revenus) semblent être le principal facteur explicatif parmi les « *working class whites* ». Abramovitz se concentre notamment sur les causes de la situation des Noirs aux États-Unis : là où les blancs diplômés invoquent les discriminations, deux tiers des non diplômés considèrent que les Noirs sont en grande partie responsables de leur condition, ce qu'ont confirmé d'autres études ultérieures[13].

L'équipe de Jack Citrin à Berkeley parle notamment de « *cultural backlash* » pour désigner le sentiment de dépossession chez les Blancs causé par la combinaison de l'immigration, des politiques antidiscriminatoires, des revendications féministes et du « politiquement correct »[14]. L'idée d'un sentiment de dépossession permet de dépasser l'opposition un peu trop binaire « économie vs racisme » et de situer le débat dans la sociologie de l'identité sociale et plus précisément la théorie de la menace sur le statut (*status threat*), de la relégation, de la marginalisation. Ainsi, une étude de Diana Mutz, de l'Université de Pennsylvanie intitulée « *Status Threat, Not Economic Hardship, Explains the 2016 Presidential Vote* » montre que c'est bien la combinaison d'une diversité ethnoraciale croissante et des effets de la mondialisation notamment sur les emplois, perçus comme deux menaces, qui provoque un recul de l'estime de soi, lequel appelle en retour la « nostalgie restaurationniste » qui constitue un des piliers du « trumpulisme »[15]. La combinaison des menaces, identitaires et économiques,

rust-belt-counties-dependent-on-blue-collar-jobs-nearly-all-voted-for-trump/ ; Danielle Paquette, « The vast majority of these counties voted for Donald Trump — even if they had backed Democrats for years », *The Washington Post*, 11 janvier 2017 ; « The Flipped Counties of 2016 Still Lagging Behind », *Economic Innovation Group*, 25 juin 2019, https://eig.org/news/research_articles/the-flipped-counties-of-2016-still-lagging-behind

13 Alan Abramovitz, « Explaining support for Trump in the White Working Class : Race vs Economics », *Sabato's Crystal Ball*, 12 avril 2018, http://www.centerforpolitics.org/crystalball/articles/explaining-support-for-trump-in-the-white-working-class-race-vs-economics/; Brian F. Schaffner, Matthew Macwilliams, Tatishe Nteta, « Understanding White Polarization in the 2016 Vote for President: The Sobering Role of Racism and Sexism », *Political Science Quarterly*, vol. 133, 2018, p. 9-34.

14 Shad Turney, Frank Levy, Jack Citrin et Neil O'Brian, « Waiting for Trump : The Move to the Right of White Working-Class Men, 1968-2016 », UC Berkeley: Institute of Governmental Studies, 2017. https://escholarship.org/uc/item/1cq9k81z

15 Diana Mutz, « Status Threat, Not Economic Hardship, Explains the 2016 Presidential Vote », *Proceedings of the National Academy of Sciences*, mai 2018, vol. 115, n° 19, E4330-E4339 ; Lauric Henneton, « La démocratie américaine à l'épreuve du trumpulisme », *op.cit.* La question de la perte du statut et de la peur de la relégation / marginalisation est également centrale dans les travaux de Justin Gest.

appellent un protectionnisme sur les deux fronts, sous la forme d'un « mur » à la frontière mexicaine et de *barrières* douanières avec la Chine, notamment. L'idée centrale est que les États-Unis sont assiégés, et cette mentalité obsidionale est renforcée par l'impression d'un déclin du pays sur la scène internationale[16]. Sur le plan intérieur, l'évolution du pays semble remettre en cause la hiérarchie traditionnelle dans laquelle les Blancs, et particulièrement les chrétiens blancs sont en haut de l'échelle sociale. Toute remise en cause réelle ou crainte de cet ordre social (*dominant group status threat*) appelle des politiques conservatrices, au sens premier du terme, ou « restaurationnistes » quand il est trop tard pour protéger l'ordre social et qu'il s'agit de le rétablir. Cette école sociologique a bien montré que la menace renforce la cohésion du *in-group*, le désir de conformité à ses codes, et renforce par la même occasion la méfiance, les stéréotypes ou le rejet des formes d'altérité (*out-groups*). Mutz montre notamment que ce spectre du déclin est largement partagé par les Américains blancs non diplômés. Cette analyse va dans le sens de la « *power devaluation theory* » de Rory McVeigh, pour expliquer l'adhésion au Ku Klux Klan, et qui s'appuyait notamment sur les travaux fondateurs de Joseph Gusfield et ses « croisades symboliques » au sujet de la défense de la prohibition[17].

La paternité du concept de « *status threat* » montre que l'outil précède l'événement (l'élection de 2016). En réalité, une série d'études avait anticipé une partie du comportement électoral qui a permis à Trump de faire tomber le bastion démocrate de la Rust Belt. En 2015, Abrajano et Hajnal avaient synthétisé leurs travaux antérieurs sur le « retour de bâton blanc » qui s'appuient en particulier sur les effets d'activation (*salience, priming*) de certaines thématiques dans les médias et dans le discours politique. Craig et Richeson ont publié deux études en 2014 mettant en lumière le paradoxe d'une moindre tolérance dans un paysage démographique de plus en plus marqué par la diversité : ici c'est la perspective de devenir minoritaire qui, une fois activée, provoque un sentiment

Le lien entre fermetures d'usines et estime de soi est très clairement mis en lumière par un long reportage du *New York Times* sur Lordstown, Ohio : Sabrina Tavernise, « With His Job Gone, an Autoworker Wonders, 'What Am I as a Man?' », *The New York Times*, 27 mai 2019.

16 Lauric Henneton, *La Fin du rêve américain ?* Paris, Odile Jacob, 2017, ch. 3.

17 Rory McVeigh et Kevin Estep, *The Politics of Losing : Trump, the Klan and the Mainstreaming of Resentment,* New York, Columbia University Press, 2019, ainsi que R. McVeigh, « Power Devaluation, the Ku Klux Klan, and the Democratic National Convention of 1924 », *Sociological Forum*, vol. 16, n° 1, 2001, p. 1-30 ; Joseph Gusfield, *Symbolic Crusades : Status Politics and the American Temperance Movement,* 2e éd., Urbana et Chicago, University of Illinois Press, 1986 (1963). Plus récemment, voir Ashley Jardina, *White Identity Politics*, Cambridge, Cambridge University Press, 2019.

de perte de statut et un comportement politique plus hostile aux minorités[18]. Enfin, pendant la campagne, Major, Blodorn et Major-Blascovitch ont également montré que la rhétorique de Trump activait une adhésion à certaines thématiques exclusivistes en réaction à un sentiment de perte de statut[19].

D'autres études enfin ont ajouté une dimension de santé publique à l'explication des comportements électoraux lors de l'élection de 2016, notamment dans la Rust Belt. En effet, la région a été particulièrement affectée par la crise des opioïdes, comme tout le quart nord-est du pays, de la Nouvelle-Angleterre rurale aux Appalaches. Dans les pages qui suivent, Nicolle Herzog s'attache à comprendre le phénomène à l'échelle de deux comtés de Pennsylvanie. Plusieurs enquêtes ont par ailleurs mis en évidence une corrélation entre les comtés les plus affectés par les surdoses et ceux qui ont basculé d'Obama à Trump, dans l'Ohio comme en Pennsylvanie. Dans un double mouvement, la baisse du vote démocrate s'accompagne d'une hausse du vote républicain entre 2012 et 2016. Au-delà des opioïdes, et même en gardant à l'esprit que corrélation n'est pas causalité, la sociologue Shannon Monnat a relevé une forte corrélation entre le taux de mortalité dû à l'alcool, la drogue et les suicides (« *deaths of despair* ») et l'accroissement du vote républicain dans les États de la Rust Belt étendue (Pennsylvanie, Ohio, Wisconsin, Michigan et Indiana)[20]. Kathleen Frydl a constaté que l'augmentation de la participation dans ce type de comtés dépasse le cadre de la Rust Belt puisqu'il concerne aussi le Nouveau-Mexique et le New Hampshire, particulièrement touchés par la crise des opioïdes[21].

Le magazine *The Economist* avait contribué à populariser bien au-delà du cercle des spécialistes de sciences sociales ce lien entre santé publique et accroissement du vote républicain à peine dix jours après l'élection. Un nuage de points

18 Marisa Abrajano et Zoltan Hajnal, *White Backlash : Immigration, Race, and American Politics*, Princeton, Princeton University Press, 2015 ; Maureen A. Craig et Jennifer A. Richeson, « On the Precipice of a "Majority-Minority" America : Perceived Status Threat From the Racial Demographic Shift Affects White Americans' Political Ideology », *Psychological Science*, vol. 25, n° 6, 2014, p. 1189-1197 ; Craig et Richeson « More Diverse Yet Less Tolerant? How the Increasingly Diverse Racial Landscape Affects White Americans' Racial Attitudes », *Personality and Social Psychology Bulletin*, vol. 40, n° 6, 2014, p. 750-761.

19 Brenda Major, Alison Blodorn, Gregory Major Blascovitch, « The threat of increasing diversity: Why many White Americans support Trump in the 2016 presidential election », *Group Processes & Intergroup Relations*, vol. 21, n° 6, 2018, p. 931-940.

20 Shannon Monnat, « Deaths of Despair and Support for Trump in the 2016 Presidential Election », University of Pennsylvania, Dept of Agriculture Economics, Sociology and Education Research Brief, 4 décembre 2016, https://aese.psu.edu/directory/smm67/Election16.pdf

21 Kathleen J. Frydl, « The Oxy Electorate », *Medium*, 16 novembre 2016, https://medium.com/@kfrydl/the-oxy-electorate-3fa62765f837#. w5hoj7chi; étude reprise et complétée dans German Lopez, « Most Ohio and Pennsylvania counties that flipped from Obama to Trump are wracked by heroin », *Vox*, 22 novembre 2016, https://www.vox.com/policy-and-politics/2016/11/22/13698476/trump-opioid-heroin-epidemic

illustrant l'article montrait clairement la régionalisation du phénomène : le Midwest (qui inclut la Rust Belt) était particulièrement affecté, à la différence de l'Ouest (figure 2)[22].

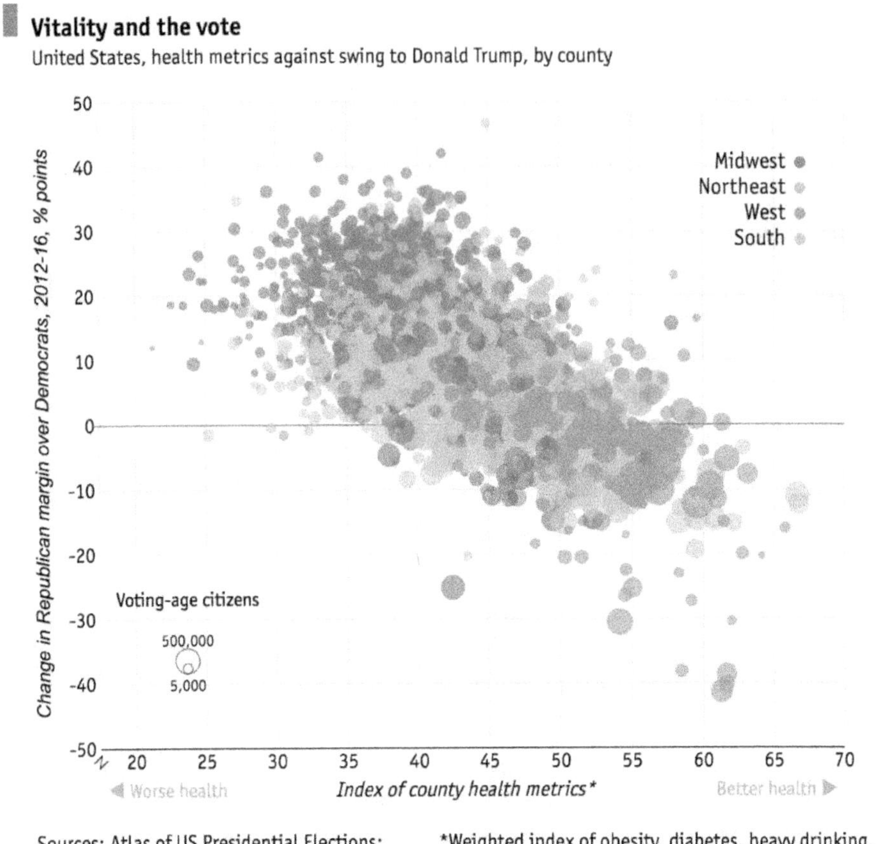

2. Corrélation entre état de santé (2010-2012) et transferts de voix en faveur de D. Trump, 2016. Source : The Economist. 16 novembre 2016, https://www.economist.com/united-states/2016/11/19/illness-as-indicator

Plus largement, les plus forts transferts de voix d'un parti à l'autre se concentrent dans les comtés marqués soit par les taux le plus bas de « bien-être » (*population well-being*) soit par les plus fortes chutes de cet indice, qui agrège des données sur la santé physique, psychique et émotionnelle des populations. Là encore, corrélation n'est pas causalité, mais les résultats étoffent un faisceau de

22 « Illness as Indicator », *The Economist*, 19 novembre 2016, https://www.economist.com/united-states/2016/11/19/illness-as-indicator

présomptions. Par ailleurs, cette étude ne notait pas de corrélation entre baisse de revenus et transferts de voix au profit des Républicains[23].

Le récit d'une « revanche » ou d'une « révolte » des « *working class whites* », bien que largement diffusé dans les médias, a fait l'objet de résistances. Tout d'abord parce que le glissement des Blancs sans diplôme du Parti démocrate vers le Parti républicain est un phénomène ancien, né des dislocations des années 1970 et de la coalition rooseveltienne[24]. La distinction entre les diplômés et les non diplômés a tendance à alimenter la polarisation des positions sur les questions identitaires, particulièrement chez les *Démocrates* blancs. Turney *et al.* concluent que le « *cultural backlash* » de l'élection de 2016 est en gestation depuis des années, sinon des décennies, et qu'il a été accentué par une combinaison de pessimisme et d'angoisse économique. Par ailleurs, il convient de distinguer « *angoisse* économique » et « *détresse* économique », qui touche davantage les minorités que les Blancs. L'identité ethno-raciale prédit davantage la propension à la détresse économique (la grande précarité) que le niveau d'études, que l'on utilise généralement pour définir la « classe ouvrière » blanche. Les Américains en situation de détresse économique, s'ils sont eux aussi pessimistes quant aux perspectives de mobilité sociale (le « rêve américain ») plébiscitent les politiques fédérales de redistribution et ont davantage voté Clinton que Trump. La situation économique seule ne prédit pas le vote : elle doit être complétée par l'identité ethno-raciale (blanc / non-blanc) et la perception (angoisse vs détresse)[25].

En réalité, se concentrer sur les transferts de voix des « *Trump Democrats* » n'est qu'un aspect du problème. Comme le soulignent à la fois Michael McQuarrie et Kilibrada et Roythmayr, la « révolte de la Rust Belt » masque surtout une profonde sous-mobilisation de l'électorat démocrate. En effet, dans une région où les Démocrates perdent 1,35 millions de voix, les Républicains n'en gagnent que 590 000. Bien sûr, dans un scrutin aussi serré que dans les États de la Rust Belt, ce transfert suffit à faire basculer l'élection, mais il n'explique pas tout[26]. La

....

23 Jeph Herrin, Dan Witters, Brita Coy, Carley Riley, Diana Lui, Harnan Krumholz, « Population well-being and electoral shifts », *PLoS ONE* vol. 13, n ° 3, mars 2018, https://journals.plos.org/plosone/article?id=10.1371/journal.pone.0193401.

24 Jefferson Cowie, *Stayin' Alive: The 1970s and the Last Days of the Working Class*, New York, The New Press, 2010 ; Turney et al., *op cit.* ; John L. Campbell, *American Discontent : The Rise of Donald Trump and Decline of the Golden Age*, New York et Oxford, Oxford University Press, 2018. Sur le déclin de la « classe ouvrière », voir également Alan Abramovitz et Ruy Teixeira, « The Decline of the White Working Class and the Rise of a Mass Upper-Middle Class », *Political Science Quarterly*, vol. 124, n° 3, 2009, p. 391-422.

25 Robert Griffin et John Sides, « In the Red : Americans' Economic Woes are Hurting Trump », Report of the Democracy Fund Voter Group, septembre 2018, https://www.voterstudygroup.org/publication/in-the-red.

26 Michael McQuarrie, « The revolt of the Rust Belt: place and politics in the age of anger », *British Journal of Sociology*, vol. 68, n° S1, 2017, p. 120-152 ; Konstantin Kilibarda et Daria Roithmayr,

défection des électeurs démocrates se fait également vers les petits candidats (en particulier Jill Stein) et l'abstention. À titre d'exemple, dans le comté de Wayne, Michigan, qui contient Détroit, les Démocrates perdent 76 402 suffrages entre 2012 et 2016, mais Donald Trump n'en engrange que 15 179 de plus que Mitt Romney, et les autres candidats y ont reçu 25 806 voix de plus en 2016 qu'en 2012. Enfin, on compte 37 987 électeurs de moins en quatre ans, dans un comté dont la population a diminué de 37 000 habitants entre les deux scrutins.

La « révolte » des « *working-class whites* » s'inscrit à la fois dans une tendance historique lourde et dans un contexte démographique et électoral complexe de désaffection du Parti démocrate. Là encore, il ne s'agit pas uniquement d'un problème lié à Hillary Clinton, même si sa stratégie de campagne, qui n'a pas jugé bon d'aller faire campagne dans la Rust Belt, est évidemment en cause. De même, traiter les nouveaux partisans de Trump de « *basket of deplorables* », interprété comme du mépris de classe, n'était pas la manière la plus efficace de les ramener dans le giron démocrate. Obama a lui aussi perdu des voix entre 2008 et 2012 dans *tous* les États de la Rust Belt, dans des proportions variables : Clinton en perd davantage qu'Obama dans l'Ohio et surtout le Wisconsin, mais l'essentiel des voix perdues par les Démocrates en Pennsylvanie le sont entre 2008 et 2012. [FIGURE 3]

Cette déperdition du vote démocrate peut-elle être imputée aux purges des listes électorales par les Républicains ? Comment expliquer alors le considérable regain de mobilisation constaté lors des élections de mi-mandat de novembre 2018, largement au profit des Démocrates ? En effet, dans deux tiers des comtés de la Rust Belt (204/310 ; Pennsylvanie, Ohio, Wisconsin et Michigan, ici), le ou la candidat(e) démocrate à la sénatoriale reçoit *davantage* de suffrages en 2018 qu'Hillary Clinton en 2016, lors d'un scrutin généralement marqué par une très forte abstention. De façon encore plus spectaculaire, dans 49 de ces comtés, les candidats démocrates au Sénat, tous vainqueurs, ont reçu *au moins* 1000 voix de plus qu'Hillary Clinton deux ans plus tôt, mais ils ne sont majoritaires que dans 6 d'entre eux (dont Macomb, Wisconsin, Lake, Ohio en périphérie de Cleveland, et Dane, Wisconsin, où se trouve Madison, la capitale de l'État). L'antitrumpisme virulent a permis aux Démocrates de mobiliser très largement d'un point de vue géographique, en particulier dans des comtés où ils ne sont toujours pas majoritaires mais où, à l'échelle de l'État, ce surcroît de voix leur permet d'emporter des sièges de sénateurs et de gouverneurs (dans le Wisconsin et dans le Michigan).

« The Myth of the Rust Belt Revolt », *Slate*, 1er décembre 2016.

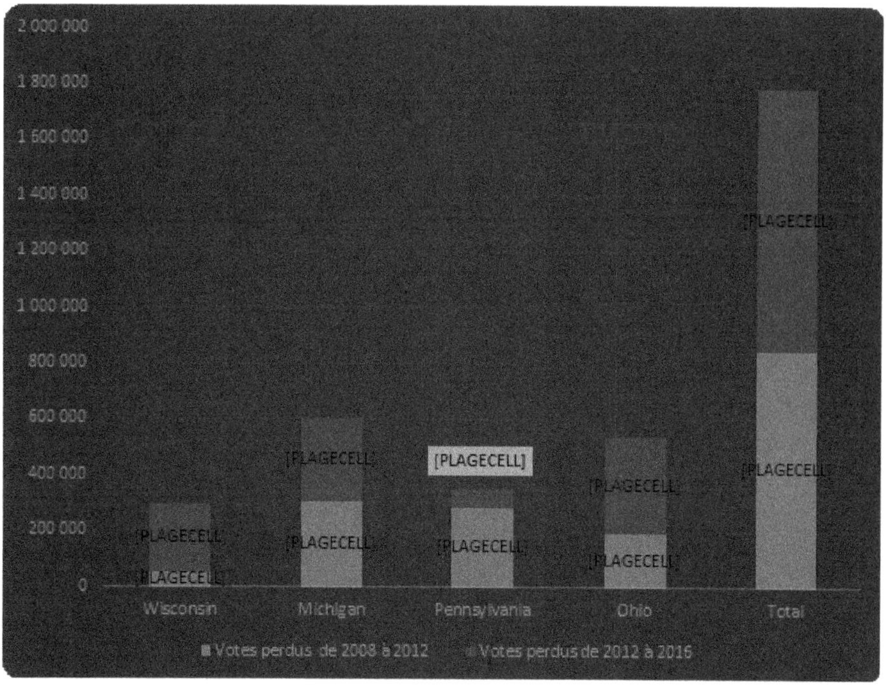

3. Votes perdus par les Démocrates, élections présidentielles, 2008-2016. Sources : taux calculés par l'auteur à partir des résultats officiels des élections de 2008, 2012 et 2016 compilés sur Dave Leip's Atlas of U.S. Elections, https://uselectionatlas.org/

Les Démocrates peuvent-ils reprendre leur ancien bastion ?

Les élections de mi-mandat de novembre 2018 furent très favorables aux Démocrates dans la Rust Belt. En effet, les quatre candidats démocrates au Sénat ont été réélus, dont Sherrod Brown dans l'Ohio, et les Démocrates ont élu trois gouverneurs, dont deux conquêtes, dans le Michigan et dans le Wisconsin, où le très trumpiste Scott Walker a été battu. Peut être ajoutée à ces bons résultats l'élection partielle à la Chambre en Pennsylvanie en 2017, qui a vu Conor Lamb l'emporter dans une circonscription qui avait largement plébiscité Trump à peine un an auparavant. Ces résultats posent donc la question de l'inscription dans le temps de l'élection de 2016 et de la réversibilité de la conquête trumpienne de la Rust Belt. On peut également se demander si la résurrection économique de la Rust Belt constitue un avantage mécanique pour les Démocrates, à mesure que s'estompent les angoisses économiques. Cette résurrection de la Rust Belt, qui a fait l'objet d'une couverture médiatique importante, est cependant à relativiser :

on constate plutôt une « bifurcation », une polarisation, entre une Rust Belt qui va mieux et une Rust Belt qui stagne, au mieux.

En conservant le postulat d'un vote Trump motivé par l'angoisse ou la réalité du déclin économique, les chercheurs et les journalistes sont attentifs à l'évolution de la santé économique des comtés qui ont voté Trump. Le postulat a évolué d'un vote Trump à cause de la mauvaise santé économique, parce que Trump pouvait « rendre sa grandeur » au pays et ses emplois à la région à un vote Trump qui bénéficierait de la reprise, sur le mode « promesses tenues ». Dans ce cas, une stagnation, une absence de reprise, serait un signe de l'échec de la politique économique de Trump. Pire, une détérioration voire une récession le condamnerait. Ainsi, il semble paradoxal que dans des villes comme Youngstown, Ohio, où la situation ne s'améliore pas, les « *working class whites* » restent fidèles à Trump. Ce postulat pose un double problème : d'abord, il ne tient pas compte des études (relayées par les mêmes journaux, souvent) qui tendent à minimiser l'explication économique au profit d'explications identitaires. Ensuite parce qu'il persiste dans le modèle de l'électeur rationnel, notamment au sens où le choix rationnel de l'électeur est uniquement fondé sur sa situation économique. D'où la question posée par Thomas Frank : « *What's the matter with Kansas ?* », « Pourquoi les pauvres votent à droite » dans la traduction française. Katherine Cramer, dans ses travaux sur le ressentiment chez les électeurs ruraux du Wisconsin et Arlie Russell Hochschild dans ses travaux sur les électeurs pauvres de Louisiane ont bien montré à quel point les comportements électoraux peuvent aller à l'encontre des intérêts économiques pour les premiers, environnementaux pour les seconds[27].

En réalité, privilégier des intérêts symboliques (valeurs) à des intérêts matériels ou économiques relève également d'un choix rationnel mais où le primat n'est pas pécunier : c'est un mécanisme de défense visant à compenser ou empêcher une perte de statut. C'est une limite qui est souvent liée à la minimisation des facteurs émotionnels, longtemps relégués au rang de facteurs irrationnels donc négligeables. La littérature en français sur les émotions en politique a bien montré, de Philippe Braud à Christian Le Bart, les réticences des politistes à prendre au sérieux les facteurs émotionnels, mais la multiplication de travaux sur ces questions tend à montrer que les digues épistémologiques cèdent[28]. Outre Atlantique, les travaux de Drew Westen comme ceux de Sosnik,

27 Katherine Cramer, *The Politics of Resentment : Rural Consciousness in Wisconsin and the Rise of Scott Walker*, Chicago, University of Chicago Press, 2016 ; Arlie Russell Hochschild, *Strangers in Their Own Land : Anger and Mourning on the American Right*, New York, The New Press, 2016.

28 Philippe Braud, *L'Émotion en politique : Problèmes d'analyse*, Paris, Presses de Sciences Po, 1996 ; Christian Le Bart, *Les Émotions du pouvoir : Larmes, rires, colères des politiques*, Paris, Armand

Dowd et Fournier ont bien montré à quel point le viscéral (*gut connection*) était prépondérant[29]. Selon les auteurs, Bill Clinton et George W. Bush ont réussi à établir des liens « viscéraux » avec leurs électeurs et on peut étendre ce constat à Barack Obama et Donald Trump : il ne s'agit donc aucunement d'un monopole républicain, populiste ou encore démagogique. En revanche, l'efficacité de ce lien entre le candidat et ses électeurs permet de comprendre en partie pourquoi les intérêts économiques ne sont pas (toujours) déterminants. Dans ce cas, lier le sort de Trump à une amélioration ou à une stagnation de la situation économique de tout ou partie de la Rust Belt n'est pas pertinent, en tout cas pas décisif. Si, dans ce cas, les trumpistes restent loyaux, les Démocrates doivent espérer compenser cette perte par une surmobilisation de leur électorat là où il se trouve et là où il a fait défection en 2012 et plus encore en 2016. Ainsi, si l'on considère généralement l'Indiana – dont le vice-président Pence fut un temps gouverneur – comme nettement ancré à droite, on oublie qu'il a donné une majorité (certes minuscule) à Obama en 2008, notamment grâce à une surmobilisation dans le comté de Marion (Indianapolis)[30].

La résurrection économique de la Rust Belt a fait l'objet d'une certaine couverture médiatique. Ainsi, *Time Magazine* a consacré un reportage vidéo d'une dizaine de minutes au « *comeback* » de Pittsburgh en 2015. Il y est beaucoup question de recherche et d'innovation technologique, « *eds and meds* », à haute valeur ajoutée (santé, robotique, intelligence artificielle), financées par de riches fondations philanthropiques (Carnegie Mellon) dans un environnement naturel, vert, loin de la rouille proverbiale. Malgré ce tableau particulièrement flatteur, il y est admis (notamment par le maire, Bill Peduto) que des inégalités criantes demeurent en particulier au détriment des Noirs et des personnes sans diplôme[31]. À Détroit, peut-être l'archétype de la ville sinistrée, les prix de l'immobilier remontent, malgré la chute continue de la population, et les touristes étrangers se plaignent de la fin du « *ruin porn* » : on peut de moins en

Colin, 2018, tout particulièrement l'introduction critique ; George E. Marcus, *Le citoyen sentimental : Émotions et politique en démocratie*, trad. Bruno Poncharal, Paris, Presses de Sciences Po, 2008, préfacé par Philippe Braud.

29 Drew Westen, *The Political Brain : The Role of Emotion in Deciding the Fate of the Nation*, New York, Public Affairs, 2007 ; Doug Sosnik, Matthew Dowd et Ron Fournier, *Applebee's America : How Successful Political, Business, and Religious Leaders Connect with the New American Community*, New York, Simon & Schuster, 2006.

30 Barack Obama emporte l'État avec 28 391 voix d'avance sur John McCain. Il totalise 405 000 suffrages de plus que John Kerry en 2004 au niveau de l'État, dont 79 000 dans le seul comté de Marion, soit près de trois fois sa marge victorieuse au niveau de l'État. Ce succès exceptionnel ne s'est pas réitéré et en 2016, Donald Trump a emporté l'État avec une marge de 524 000 voix, un ordre de grandeur comparable à celui de l'élection de 2004.

31 « Pittsburgh : The Comeback », *Time Magazine*, https://time.com/pittsburgh/

moins avoir accès aux « ruines » si photogéniques car les accès sont désormais interdits quand les bâtiments ne font pas l'objet d'une rénovation totale[32].

Un aspect du « retour de la Rust Belt » est le rapatriement de l'activité et des acteurs économiques, les relocalisations (*insourcing*, *reshoring*)[33]. Cependant, les bénéfices sont partiels et en trompe-l'œil, d'abord parce que ces relocalisations n'ont parfois pas de rapport avec la politique de Donald Trump en ce sens, comme c'est le cas pour Ford (pour que la production soit plus proche des ingénieurs de Dearborn) mais aussi parce qu'elles concernent essentiellement des emplois très qualifiés ou « créatifs », et donc pas les emplois perdus au cours de la désindustrialisation de la région. Par ailleurs, la robotisation (*automation*) a également contribué à réduire le besoin de main d'œuvre typiquement touchée par la crise de la Rust Belt. Si l'on note bien des retours, ils se font essentiellement dans les hypercentres, au détriment des périphéries (y compris de la périphérie des centres-villes) et sont parfois temporaires. Par ailleurs, au phénomène de *Black flight* des Noirs de la classe moyenne vers les banlieues résidentielles s'ajoute un mouvement migratoire vers le Sud et ses grandes métropoles dynamiques (Atlanta, Houston, Dallas, Charlotte), la « Reverse Great Migration », à rebours de flux traditionnels du vingtième siècle (du Sud rural vers le Nord urbain et industriel)[34].

Une polarisation sans cesse croissante

En définitive, chaque aspect de ce « retour de la Rust Belt » est à relativiser. Ainsi, Pittsburgh, en dépit de son dynamisme en matière d'innovation et de recherche, est la ville où la qualité de vie des Noirs – et plus encore pour les femmes noires – est la pire des États-Unis, en tout cas pour les villes similaires[35].

32 Pete Saunders, « Property Values On The Rise in Detroit -- And That's Great News », *The Corner Side Yard*, (blog), 23 janvier 2019, http://cornersideyard.blogspot.com/2019/01/property-values-on-rise-in-detroit-and.html (les chiffres viennent de la municipalité de Détroit) ; J.C. Reindl, « How Detroit lost its title as 'ruin porn' capital », *The Detroit Free Press*, 16 août 2018 ; Monica Davey April, « Detroit was Crumbling. Here's How It's Reviving », *The New York Times*, 30 avril 2018 et plus largement Mark Binelli, *Detroit City is the Place to Be : The Afterlife of an American Metropolis*, New York, Picador, 2013.

33 Par exemple, Patti Waldmeir, « Reshoring makes Michigan great again, one rung at a time », *The Financial Times*, 23 octobre 2017.

34 Danielle Paquette, « The real reason Ford abandoned its plant in Mexico has little to do with Trump », *The Washington Post*, 4 janvier 2017 ; Richard Florida, « Returning to the Rust Belt », *CityLab.com*, 31 août 2017 ; Jill Ann Harrison, « Rust Belt Boomerang: The Pull of Place in Moving Back to a Legacy City », *City & Community*, vol. 16, n° 3, 2017, p. 263-283 ; Patrick Sisson, « How a 'reverse Great Migration' is reshaping U.S. cities », *Curbed.com*, 31 juillet 2018.

35 Brenton Mock, « Pittsburgh: A 'Most Livable' City, but Not for Black Women », *CityLab.com*, 20 septembre 2019, https://www.citylab.com/equity/2019/09/black-women-pittsburgh-mortality-poverty-racism-jobs-police/598291

Deux études de la Brookings Institution ont montré récemment que si les revenus des Noirs étaient en hausse, et souvent une hausse supérieure à celle des Blancs y compris dans les métropoles de la Rust Belt, ils restent néanmoins moitié moindres. Par ailleurs, si la ségrégation spatiale diminue depuis 2000 dans les villes de la Rust Belt, elle reste préoccupante. Mais on peut considérer le problème dans l'autre sens : il reste une forte ségrégation spatiale, mais elle diminue[36].

Selon les domaines, on alterne entre convergence et polarisation (« bifurcation » pour reprendre le terme de l'urbaniste Pete Saunders). Philadelphie est un bon exemple de ce *Conte des deux villes* (*Tale of two Cities*, ou *Tale of Two Rust Belts*, pour reprendre l'image de John Austin, du Michigan Economic Center et chercheur à la Brookings Institution)[37]. En effet, elle a été saluée par *Lonely Planet* comme « *A city of grit and glory* » et, dans le même temps, dénoncée comme le symbole du déclin des États-Unis par le *Guardian* et *Haaretz*. Elle combine une très forte pauvreté, une très forte exposition à la crise des opioïdes, un taux d'homicides élevé, de profondes inégalités salariales et des écoles aux résultats aussi faibles que leurs financements[38].

La double polarisation socio-économique et électorale s'accroît à la fois dans la Rust Belt et dans le pays tout entier. À la Chambre des représentants, les Républicains sont élus là où l'économie dépend d'une industrie traditionnelle avec des emplois moins qualifiés ou de l'agriculture alors que les Démocrates sont plébiscités dans les districts les plus urbanisés, à forte concentration d'emplois qualifiés, notamment dans l'économie numérique. La polarisation s'accroit rapidement : entre 2008 et 2018, la superficie des districts démocrates a diminué de moitié, de 39 % à 20 %. En 2008, les districts républicains et démocrates étaient sensiblement à parité en matière de revenus des ménages et de PIB par siège, alors qu'en 2018, l'écart s'est creusé en faveur des Démocrates – les deux indicateurs y augmentent alors qu'ils diminuent légèrement dans les districts républicains. De même, la part des diplômés, des « non Blancs », de la population née à l'étranger et la productivité croissent dans les districts démocrates, alors qu'ils sont stables ou en recul dans les sièges républicains. Comme l'observe Ronald Brownstein, l'opposition est de plus en plus entre l'Amérique d'hier

36 Alan Berube, « Black household income is rising across the United States », *The Brookings Institution*, 3 octobre 2019 ; William Frey, « Black-white segregation edges downward since 2000, census shows », *The Brookings Institution*, 17 décembre 2018.

37 John C. Austin, « A tale of two Rust Belts : Diverging economic paths shaping community politics », *The Brookings Institution*, 30 juin 2017.

38 Alfred Lubrano, « An 'Uncomfortable' Life : Philly Still America's Poorest Big City », *The Philadelphia Inquirer*, 14 septembre 2017.

contre l'Amérique de demain. En définitive, deux coalitions se font face : l'une de transformation, l'autre de restauration. Il n'est donc pas surprenant que, dans la Rust Belt comme ailleurs, elle ait été sensible au message de Donald Trump[39].

Autre exemple de cette polarisation à la fois politique, économique et géographique : en 2016, Hillary Clinton était majoritaire dans 472 comtés (15 %) qui réunissaient 64 % du PIB national, alors que Trump était majoritaire dans les 2584 autres comtés (85 %), qui totalisent 36 % du PIB. En 2000, les 659 comtés où Al Gore était majoritaire représentaient seulement 54 % du PIB. En une quinzaine d'années, la production de richesse s'est concentrée géographiquement dans des zones qui privilégient les Démocrates. Par ailleurs, selon l'Economic Innovation Group, 70 % des sièges républicains conquis par les Démocrates en 2018 sont considérés comme « prospères » ou « à l'aise » parmi cinq catégories qui vont jusqu'à « *distressed* »[40]. C'est le cas notamment dans les banlieues résidentielles.

Enfin, la polarisation politique accompagne la polarisation entre Amérique urbaine et rurale, l'Amérique des petites villes contre l'Amérique des grandes métropoles. C'est notamment grâce à une forte mobilisation de cette Amérique rurale et « micropolitaine » que Trump a trouvé l'appoint nécessaire pour l'emporter, notamment dans les trois États décisifs de la Rust Belt[41]. Cette polarisation géographique se traduit en particulier par un essor du ressentiment, tel qu'analysé par Katherine Cramer dans le Wisconsin, qui y a porté le Républicain Scott Walker au poste de gouverneur[42].

Quelle stratégie de reconquête électorale ?

Face à ces formes de polarisation et à la défection d'une partie cruciale de leur électorat soit vers les Républicains, soit vers les petits candidats, soit vers

39 Mark Muro et Jacob Whiton, « America has two economies—and they're diverging fast », *The Brookings Institution*, 19 septembre 2019 ; Thomas Edsall, « The Heartland is moving in different directions », *The New York Times*, 31 juillet 2019 ; Ronald Brownstein, « America's Divides Aren't Just Partisan », *The Atlantic*, 21 janvier 2016.

40 Mark Muro et Sifan Liu, « Another Clinton-Trump divide: High-output America vs low-output America », *The Brookings Institution*, 29 novembre 2016 ; « Thriving areas are poised to determine the 2018 midterms », Midterm Analysis, Economic Innovation Group, (sans date) https://eig.org/dci/midtermanalysis

41 Chad Shearer, « The small town-big city split that elected Donald Trump », *The Brookings Institution*, 11 novembre 2016. Le rôle déterminant des comtés « micropolitains », trop urbains pour être ruraux et trop ruraux pour être urbains, compris autour d'une petite ville de 10 000 à 50 000 habitants, a été mis en lumière dès la présidentielle de 2004 dans l'Ohio : Robert E. Lang, Dawn Dhavale et Kristin Haworth, « Micro Politics : the 2004 Presidential Vote in Small-Town America », *Metropolitan Institute at Virginia Tech Census Note* 04:03, novembre 2004.

42 Cramer, *The Politics of Resentment op. cit.*

l'abstention, la reconquête de la Rust Belt par les Démocrates pose un dilemme stratégique : faut-il tenter de séduire à nouveau les « *Trump Democrats* » et les Indépendants qui font basculer chaque scrutin ? Faut-il les considérer comme perdus et se concentrer au contraire sur une coalition essentiellement urbaine et suburbaine, composée à la fois des minorités ethniques et des Blancs diplômés du supérieur ? En d'autres termes, faut-il d'abord reconquérir les électeurs de Macomb County[43] ou mettre le paquet sur ceux de Wayne County ? Une approche combinant ces deux stratégies est-elle envisageable en termes de message[44] ?

La campagne pour l'investiture démocrate a montré la polarisation du champ entre progressistes (Elizabeth Warren, Bernie Sanders) et modérés (Joe Biden, Amy Klobuchar, Pete Buttigieg ou encore Sherrod Brown, sénateur démocrate de l'Ohio, réélu en 2018 mais qui a décidé de ne pas se présenter en 2020). Klobuchar, du Minnesota, et Buttigieg, du nord de l'Indiana, très proche du Michigan, semblent les plus à mêmes de représenter la Rust Belt – au moins une partie de celle-ci. Joe Biden, sénateur du Delaware né en Pennsylvanie (comme Hillary Clinton) a lancé sa campagne depuis Pittsburgh dans un local syndical (*teamster hall*) en se proclamant « *a union man* », ce qui ressemble à une stratégie à destination de l'électorat « *working-class whites* ». Dans le même temps, il minimise la menace chinoise sur les emplois américains, contrairement à un Donald Trump qui se lance dans une « guerre douanière » dont les effets réels importent peu : les électeurs constatent qu'au moins il se bat pour eux, qu'il essaie. La campagne de Trump, sur ce point, a clairement identifié l'ennemi, le bouc émissaire chinois (et mexicain) dans le cadre d'accords de libre-échange (OMC, ALENA) qui avaient été dénoncés par les syndicats dès les années 1990. Ce n'est donc pas une découverte de Trump, mais une réactivation d'une rhétorique consacrée. Bill Clinton, et par association son épouse, sont ceux qui ont signé l'ALENA – même si cet accord avait été négocié par l'administration de son prédécesseur républicain. Un autre coupable, nettement moins dénoncé, est la disparité du droit du travail d'un État à l'autre, notamment avec les lois « *right to work* » des États du Sud des États-Unis : toutes les délocalisations ne se font pas vers la Chine ou le Mexique, et une partie des pertes d'emplois subies par les ouvriers de la Rust Belt est donc imputable à des politiques républicaines au niveau des États, paradoxalement.

....

43 Macomb County, après avoir voté Trump en 2016, a à nouveau voté pour les candidats démocrates en 2018.

44 Voir par exemple Melanie Mason, « Win back Trump voters or rally the base ? Democrats wrestle with 2020 strategy in Michigan », *Los Angeles Times*, 7 mai 2019.

Une des clés du problème est la recomposition démographique et les mutations et transferts de populations à l'œuvre à la fois au sein d'un même État et entre les États du Nord et du Sud, de la Rust Belt et de la Sun Belt. Ainsi, les comtés ayant voté Obama puis Trump sont presque tous marqués (93 %) par un recul de la population active dite « *prime age* » (25 à 54 ans). Dans 30 % de ces comtés, cette population a baissé d'au moins 10 % entre 2007 et 2017. Au contraire, seuls 35 % des comtés qui ont voté démocrate aux trois dernières présidentielles perdent de cette population, contre 65 % qui en gagnent. Entre les deux, 53 % des comtés ayant voté républicain aux trois dernières élections en perdent. Ces disparités sont spectaculaires. Mais ces pertes et gains de population active correspondent à des transferts de population, ce qui implique une croissance des uns (et de leur poids électoral) et un déclin des autres, également sur le plan du poids électoral[45].

À ces transferts de populations vers les comtés les plus urbains et suburbains s'ajoute la question de la pérennité du vote démocrate chez les jeunes à mesure qu'ils avancent dans leur carrière et qu'ils passent les caps du mariage et des enfants. Les scrutins de novembre 2018 tendent à montrer que l'antitrumpisme mobilise de plus en plus en faveur des candidats démocrates y compris chez des électeurs blancs diplômés dont les revenus laissent penser que leur intérêt économique rationnel serait de voter républicain. Enfin, l'essor continu et spectaculaire des « *nones* » (sans affiliation religieuse ou sans Église, mais pas « sans religion »), notamment chez les jeunes se situe principalement chez les hommes. Or, si les hommes votent (nettement) plus républicain que les femmes, les « *nones* » votent largement démocrate – quand ils votent, et ils votent assez peu, malgré leur niveau d'éducation élevé. Un des grands défis des candidats démocrates est donc de mobiliser cet électorat potentiel mais volatile, qui pourrait faire perdre des pans entiers de son électorat aux Républicains[46]. En attendant, ceux-ci doivent faire le plein dans les campagnes et les petites villes, malgré le déclin démographique, parmi les évangéliques, qui votent beaucoup mais ne sont pas particulièrement nombreux dans la Rust Belt, et chez les Blancs non diplômés qui, s'ils ont bien voté Obama au moins en 2008, ne sont pas convaincus par l'agenda progressiste des candidats démocrates, particulièrement les plus à gauche. Enfin, le grand défi du Parti républicain, notamment dans la Rust Belt, sera de gérer l'après-Trump et de se réinventer, comme ce fut brièvement le cas

45 Edsall, « The Heartland is moving in different directions », *op. cit.*
46 Lauric Henneton, « The Other Sleeping Giant : The (non-)vote of the Religiously Unaffiliated », in, *Les États-Unis divisés : la démocratie américaine à l'épreuve de la présidence Trump,* Maud Quessard, Frédéric Heurtebize et Frédérick Gagnon, dir., Études de l'IRSEM n° 68, septembre 2019, p. 119-132.

après la défaite de 2008, avant la vague Tea Party, qui a mis un terme rapide à tout *aggiornamento*, puis la vague Trump, qui a amplifié la dérive droitière.

Si l'analyse sociologique et électorale doit impérativement passer par le grain (relativement) fin du comté, qui introduit un premier niveau de variabilité au sein des États, elle ne peut pas faire l'économie du niveau de l'État, puisque c'est à cette échelle que se joue l'attribution des voix au collège électoral sur le mode « *winner takes all* ». Ce sont les variations quantitatives et qualitatives au sein des comtés aux niveaux économique, social et démographique qui feront évoluer les équilibres et permettront de déterminer si la « prise de la Rust Belt » par les Républicains est une anomalie de l'histoire politique américaine ou au contraire un tournant dans la durée. S'intéresser à la Rust Belt seulement à travers le prisme de ses grandes villes ne permet donc absolument pas d'en comprendre les évolutions passées et à venir, notamment le ressentiment à l'œuvre dans une partie non négligeable de l'électorat, qui le fait voter contre ses intérêts économiques présentés comme rationnels. De même, il est impératif de tenir compte des transferts démographiques aussi bien que des effets de compensations entre différents segments sociologiques (femmes mariées vs femmes non mariées, diplômés vs non diplômés...) et entre les subdivisions géographiques comme les petites villes (comtés micropolitains) et les banlieues proches et denses (*suburbs*) ou plus éloignées et moins denses (*exurbs*)[47].

Lors d'une élection présidentielle, le sort d'une région comme la Rust Belt, composée d'au moins trois États pivots, voire davantage si l'on ajoute l'Ohio et l'Indiana, qui avaient voté pour Obama en 2008, dépend de variations complexes que l'on peut percevoir au niveau des comtés, par-delà les limites des États. Ainsi, il est possible de s'intéresser aux comtés suburbains et périurbains dans l'ensemble de la région, comme il est possible d'élargir encore la focale pour envisager ce type de comté à un niveau géographique plus large car les évolutions y sont comparables dans différentes régions. Ainsi, dans les États clés à travers le pays, le résultat final au niveau de l'État peut basculer d'un côté ou de l'autre grâce au vote d'un ou deux comtés densément peuplés comme Macomb dans le Michigan, Marion dans l'Indiana, Maricopa dans l'Arizona, Johnson dans le Kansas, Cobb et Gwinnett en Géorgie, Fort Bend au Texas ou encore Wake en Caroline du Nord. En d'autres termes, les Démocrates peuvent prétendre étendre le champ de leur conquête électorale à des États de la Sun Belt (Arizona, Géorgie, Caroline du Nord, voire Texas) tout en reprenant leur bastion de la Rust Belt, et ce en poursuivant la même stratégie : maximiser la participation dans les

47 Gregory Korte et Mark Niquette, « In Ohio Battleground, 2020 Race Will Be a Fight for the Suburbs », *Bloomberg*, 14 octobre 2019.

centres-villes et confirmer la percée de 2018 dans les comtés suburbains. Mais privilégier l'une de ces stratégies (la Sun Belt) au détriment de l'autre (la Rust Belt) semblerait un pari plus que risqué.

☑

Bibliographie

AUSTIN, John C., « A tale of two Rust Belts : Diverging economic paths shaping community politics », The Brookings Institution, 30 juin 2017.

CAMPBELL, John L., *American Discontent : The Rise of Donald Trump and Decline of the Golden Age*, New York et Oxford, Oxford University Press, 2018.

COWIE, Jefferson, *Stayin' Alive: The 1970s and the Last Days of the Working Class*, New York, The New Press, 2010.

CRAIG, Maureen A. et RICHESON Jennifer A., « More Diverse Yet Less Tolerant? How the Increasingly Diverse Racial Landscape Affects White Americans' Racial Attitudes », *Personality and Social Psychology Bulletin*, vol. 40, n° 6, 2014, p. 750-761.

CRAIG, Maureen A. et RICHESON Jennifer A., « On the Precipice of a "Majority-Minority" America : Perceived Status Threat From the Racial Demographic Shift Affects White Americans' Political Ideology », *Psychological Science*, vol. 25, n° 6, 2014, p. 1189-1197.

CRAMER, Katherine, *The Politics of Resentment: Rural Consciousness in Wisconsin and the Rise of Scott Walker*, Chicago, University of Chicago Press, 2016.

EDSALL, Thomas, « The Heartland is moving in different directions », *The New York Times*, 31 juillet 2019.

GEST, Justin, *The New Minority : White Working Class Politics in an Age of Immigration and Inequality*, New York et Oxford, Oxford University Press, 2016.

GREENBERG Stanley, « Macomb County in the Age of Trump », *GreenbergResearch*, 9 mars 2017, <https://www.greenbergresearch.com/macomb/2017/3/9/macomb-county-in-the-age-of-trump>. Consulté le 4 février 2020.

MAJOR, Brenda, BLODORN Alison, BLASCOVITCH Gregory Major, « The threat of increasing diversity: Why many White Americans support Trump in the 2016 presidential election », *Group Processes & Intergroup Relations*, vol. 21, n° 6, 2018, p. 931-940.

McQUARRIE, Michael, « The revolt of the Rust Belt : Place and Politics in the Age of Anger », *British Journal of Sociology*, vol. 68, n° S1, 2017, p. 120-152.

McVEIGH, Rory et ESTEP, Kevin, *The Politics of Losing : Trump, the Klan and the Mainstreaming of Resentment*, New York, Columbia University Press, 2019.

MONNAT, Shannon, « Deaths of Despair and Support for Trump in the 2016 Presidential Election », University of Pennsylvania, Dept of Agriculture Economics, Sociology and Education Research Brief, 4 décembre 2016, <https://aese.psu.edu/directory/smm67/Election16.pdf>. Consulté le 4 février 2020.

MURO, Mark et WHITON Jacob, « America has two economies—and they're diverging fast », The Brookings Institution, 19 septembre 2019.

MUTZ, Diana, « Status Threat, not Economic Hardship, explains the 2016 presidential Vote », *Proceedings of the National Academy of Sciences*, vol. 115, n° 19, mai 2018, E4330-E4339.

NEUMAN, Tracy, *Remaking the Rust Belt : The Postindustrial Transformation of North America*, Philadelphie, University of Pennsylvania Press, 2016.

O'BRIEN, Keith, « Uprising in the Rust Belt », *Politico Magazine*, 24 juin 2016.

SCHAFFNER, Brian F., MACWILLIAMS, Matthew, NTETA, Tatishe, « Understanding White Polarization in the 2016 Vote for President : The Sobering Role of Racism and Sexism », *Political Science Quarterly*, vol. 133, 2018, p. 9-34.

TRUBEK, Anne, « Why the Term 'Rust Belt' Matters », *Belt Magazine*, 15 avril 2016, <https://beltmag.com/why-rust-belt-matters/>. Consulté le 2 février 2020.

TURNEY, Shad, LEVY, Frank, CIRTIN, Jack et O'BRIAN, Neil, « Waiting for Trump : The Move to the Right of White Working-Class Men, 1968-2016 », UC Berkeley : Institute of Governmental Studies, 2017. https://escholarship.org/uc/item/1cq9k81z

VANCE, J. D., *Hillbilly Elegy : A Memoir of a Family and Culture in Crisis*, New York, Harper Collins, 2016.

WEIGHT, Joshua, « Rust Belt Counties Dependent on Blue-Collar Jobs Nearly All Voted for Trump », EMSI, 11 janvier 2017, <https://www.economicmodeling.com/2017/01/11/rust-belt-counties-d

"Deaths of Despair": A case study of health and political outcomes in two rural Pennsylvanian counties since 2016

Nicolle Herzog*

Abstract
Using results of ongoing qualitative study of Pike and Wayne Counties, Pennsylvania, this article provides a case study of two rural counties facing "deaths of despair," notably the opioid epidemic, in the Rust Belt and northern Appalachia. This article details successes and insufficiencies at the county, state, and federal levels, as explained by residents during 40 semi-guided interviews, and explores their effect on political outcomes from the 2016 presidential election until summer 2019. This article concludes that rural counties like Pike and Wayne must respond to county-level problems like stigma and a lack of public transportation, considering the insufficient federal response to the more complex socioeconomic factors of the epidemic.

Introduction

First observed in mortality rates in 1999 after the 1990s prescription boom, the opioid misuse and overdose epidemic has continued to alarm medical professionals, politicians, and locals throughout regions stricken by this crisis. In his 2015 presidential campaign announcement, Donald Trump declared he would build a wall to keep out Mexicans "bringing drugs and crime," claiming this would help treat the epidemic. His concern for the crisis that claimed 47,600 lives in 2017, the year that as president he declared opioid misuse a national epidemic, has echoed especially loudly throughout the Rust Belt and Appalachia, where increasing numbers of these "deaths of despair" ravage communities.

* Nicolle Herzog est ATER à l'Université de Tours et doctorante à l'Université de Versailles Saint-Quentin-en-Yvelines sous la direction de Cécile Coquet-Mokoko. Sa thèse en civilisation américaine porte sur le rêve américain et ses liens à la construction sociale de la « Blanchité », la pauvreté et la mobilité sociale dans les comtés de Pike et Wayne, Pennsylvanie. Ses centres de recherche incluent les « Critical Whiteness Studies », l'histoire et la culture des Appalaches, le féminisme et les questions de santé publique comme l'épidémie d'opioïdes.

It is no coincidence that these regions were especially supportive of him on Election Day 2016: part of his platform was to end the crisis, and a 2018 study found that counties hardest hit by the epidemic tended to vote Trump.[1] But since his inauguration, Trump has not fully justified "promises made, promises kept" regarding the crisis, prompting local communities and individual states to tackle the problem alone with varying levels of success.

Using results of an ongoing qualitative study of Pike and Wayne Counties in the northeast tip of Pennsylvania, this article provides a case study of two rural counties facing this epidemic in the Rust Belt and northern Appalachia. No literature exists on Pike or Wayne, and the multidisciplinary approach adopted in this article responds to a lack of similar analysis regarding the opioid crisis and political outcomes in similar rural counties. This article seeks to highlight successes and insufficiencies at the county, state, and federal levels, as exposed by residents during 40 semi-guided interviews, and to demonstrate the corresponding effect on political outcomes. This article concludes by proposing that rural counties like Pike and Wayne must increase efforts to mitigate stigma among residents and healthcare professionals, to offer accessible treatment options at affordable rates incorporating evidence-supported medical treatment models, and to encourage community and professional insertion via affordable public transportation options, given the mostly insufficient federal response to the more complex aspects of this multifaceted public health crisis.

Methodology

Geographically situated in both the Rust Belt and Appalachia, Pike and Wayne Counties are a cross-section of many sociocultural phenomena. While the northern reaches of Appalachia may seem far removed both geographically and culturally from the southern parts, Appalachia shares a history of logging and mining industries, natural resource exploitation from outside interests, and widespread poverty. Additionally, their proximity to former coal-producing regions explains their designation as Rust Belt counties. While Pike did not historically produce coal, Wayne's shared border with Lackawanna County, where former coal cities Scranton and Carbondale are located, meant that its administrative seat, Honesdale, was the site of anthracite transportation via its commercial steam train.[2] As nearby coal counties in the Northern Anthracite

1 James S. Goodwin, *et al.*, "Association of Chronic Opioid Use with US County Presidential Voting Patterns in 2016," *JAMA Network Open,* American Medical Association, 22 June 2018.

2 This locomotive, called The Stourbridge Lion, was the first American commercial steam locomotive.

Region [Fig. 1] decreased mining activities, counties like Pike and Wayne, whose populations provided services to the mining industry, like electricity production, quarrying, or coal transportation, saw their job prospects decrease or disappear.

Fig. 1. Northern Anthracite Region[3]

Furthermore, Pike and Wayne are near New York City and economic centers of New Jersey but are classified as rural by the Census Bureau. This particular geographic situation makes them a mix of Appalachian features, Rust Belt economic changes, and what "locals" call the New Jersey or New York "transplants." These tend to be middle-class Black, Latino, and White families who moved to the region in the 1990s as a result of New Jersey land development patterns and then again following 9/11 for lower property taxes, cheaper homes

3 Melissa Nolter *et. al.* "Anthracite Coal-Mine Fires of Northeastern Pennsylvania," in Glenn B Stracher *et al.*, dir., *Coal and Peat Fires: A Global Perspective*, vol. 3, Amsterdam, Elsevier, 2015, p. 651-665.

afforded by predatory mortgages, and less expensive and more expansive land to build on.[4] "Transplants" still tend to commute to these cities for work.[5] While some of the Rust Belt has seen its population steadily decline with the number of jobs, this proximity to metropolitan areas led to a population increase during the 1990s and 2000s. According to Census data, between 1990 and 2007 Pike County's population grew by 65.6% compared to Wayne's 19.5%; the national rate during this period was 13.2% and 3.4% in Pennsylvania. However, a decline was registered in both counties in the 2010s.

These two counties differ from other, well-studied areas like deindustrialized Pittsburgh, racially diverse cities like New York City, other former coal regions, or southern Appalachia. In part, the choice of these counties responds to a lack of literature on them specifically and on rural ones like them regarding the opioid epidemic and its political outcomes. Ben Bradlee Jr.'s *The Forgotten: How the People of One Pennsylvania County Elected Donald Trump* (2018) addresses a neighboring county, Luzerne, that shares many similarities with Pike and Wayne, including their 2016 presidential electoral returns. Furthermore, Luzerne is a part of Pennsylvania's 8th Congressional District, along with Lackawanna, Monroe, Pike, and Wayne Counties. Bradlee's approach is similar to the qualitative method that produced the interviews used in this article, and the residents he interviewed express political views akin to those in Pike and Wayne. This article does not adopt Bradlee's typology of Trump voters, but it responds to his work by adding more data regarding support for Democratic figures, as well as data regarding non-voters and those who don't feel represented enough by any political party or candidate, in neighboring counties that are culturally and politically similar to Luzerne.

Not only were these counties chosen for the lack of existing literature on them, but they were also selected for their geographic positioning and relative comparability: both are rural and predominantly White but differ economically and in terms of the opioid crisis. Wayne is poorer and began experiencing more opioid-related deaths earlier than Pike. Additionally, they are similar to other rural Pennsylvanian counties given their voting patterns: both have consistently

4 Pike County's population grew more rapidly from 1990 to 2007 than Wayne's. This speaks to the importance of Pike's proximity to New Jersey and New York, but Wayne's population growth during this time also came primarily from former Northern New Jersey and New York City residents. Additionally, while neighboring Monroe County was the main focus of Congressional hearings and lawsuits, sub-prime mortgages were also a feature of Pike County real estate in the 1990s.

5 According to 2017 Census data, 41.6% of Pike residents commuted outside of Pennsylvania for work and the average commute time is about 45 minutes. This phenomenon is less present in Wayne, but the concept of "transplants" is still socially present there.

supported the Republican presidential candidate since 1968.[6] While Pennsylvania's urban and demographically diverse counties can lead to a Democratic win in the state, most rural counties vote Republican [Fig. 2]. In the 2016 general election, 61.51% of Pike and 67.63% of Wayne voters pulled the lever for Trump. The surrounding counties, aside from racially diverse Monroe, saw similar results. This case study can thus give us a picture of the continued crises in White, rural counties of "deaths of despair" and the resulting political response.

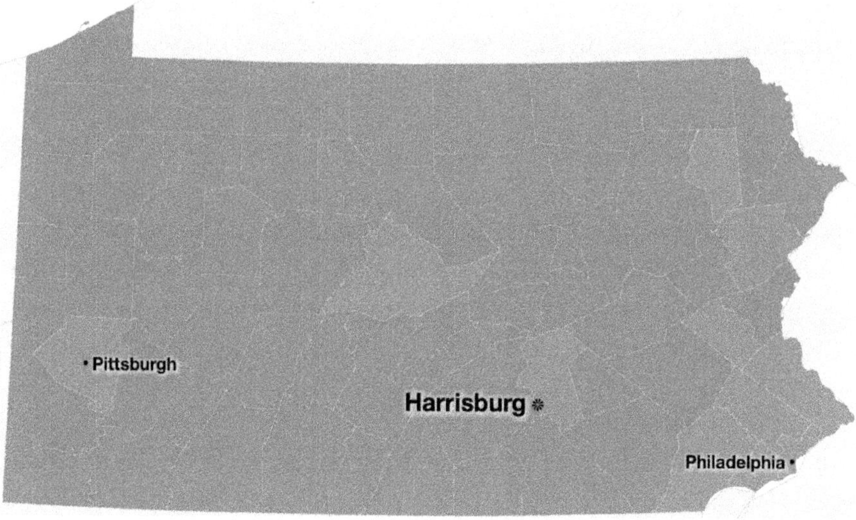

Fig. 2. Pennsylvania Counties, 2016 Electoral Returns[7]

Interviews took place during multiple fieldwork periods from December 2016 to August 2019. They were obtained by attending community events, posting in local Facebook groups, contacting local political and social organizations, and asking participants to help recruit others. Participant eligibility was based on residency of five or more years in either or both counties. Observational and historical research was conducted by visiting local museums, collecting relevant articles from local newspapers, and using local library resources. In all, 40 in-depth interviews, between 30 minutes to over three hours each,

6 In the 1964 election, Pike voted for Democrat Lyndon B. Johnson and Wayne voted for Republican Barry Goldwater.

7 Pike and Wayne are the two northeastern-most counties; Wayne has the long western border. Lighter counties went to Clinton and darker counties to Trump. Lackawanna and Monroe, the two counties bordering Pike and Wayne that supported Clinton, are home to Scranton, a midsized city where Democratic Presidential candidate Joe Biden was born, and to more racial diversity than Pike and Wayne. "Pennsylvania Results," *Decision 2016*, NBC Universal News Group.

were conducted. They were semi-directed by a questionnaire that was updated throughout the fieldwork process as new topics emerged. The opioid epidemic was added in 2018 as participants repeatedly discussed it and as the crisis was officially defined as such in 2017.

Definitions and Context

To begin, "deaths of despair" are fatalities caused by suicide, substance use disorders, and overdoses. Scholars Anne Case and Angus Deaton coined the term in their 2017 Brookings Institution report, based on results published in 2015, which was criticized for its focus on White, non-Hispanic Americans, despite such problems plaguing other communities.[8] Demographically, Pike and Wayne Counties are primarily White: 2018 Census population estimates show that 89.3% of Pike residents and 94.3% of Wayne residents are White. National statistics indicate that the opioid crisis predominantly affects rural, White communities, notably because doctors prescribe more opioids in Whiter communities in part due to implicit biases about race and pain.[9]

Critics of Case and Deaton's report question the careful framing done around this particular health crisis, notably as compared to the criminality narrative proposed during the crack-cocaine epidemic that affected primarily Black communities in the 1980s and 1990s.[10] Since the War on Drugs declared by Nixon in 1971, Black communities suffering from crack-cocaine addiction were not viewed with the empathy or concern for public health afforded to White ones by media and political discourse, but were the subject of legislation and practices that blocked housing options, increased prison sentences, and fueled the mass incarceration of Black Americans that has irrevocably affected voting rights.[11] The link between the War on Drugs and the disenfranchisement of primarily Black communities contrasts with empathetic media narratives of White addiction.[12] While this does not eliminate stigma surrounding drug use nor should it detract from the urgency to find

8 Anne Case, Angus Deaton, "Mortality and Morbidity in the 21st Century," *Brookings Papers on Economic Activity*, Spring 2017, p. 397-401.

9 Julie Netherland, Helena Hansen, "White opioids: Pharmaceutical race and the war on drugs that wasn't," *Biosocieties*, vol. 12, no. 2, June 2017, p. 217-238.

10 See David T. Courtwright, *Dark Paradise: A History of Opiate Addiction in America before 1940*, Cambridge: Harvard University Press, 1982 for the historical antecedents to the framing of drug users as criminals.

11 Most states limit the voting rights of formerly incarcerated people. See David Musto, *The American Disease: Origins of Narcotic Control*, New York: Oxford University Press, 1987.

12 See J. Netherland, H. Hansen, "White opioids: Pharmaceutical race and the war on drugs that wasn't," *op. cit.*

solutions, it is necessary to acknowledge that such a focus on White communities can be understood as problematic.

This said, Pike and Wayne are facing "deaths of despair" at high rates and are demographically White. This article thus borrows this term as it accurately describes their multifaceted health crises. "Despair" refers to experiencing one's economic and social realities as bleak with no long-term relief, which can push some to substance use or self-harm. Case and Deaton argue that "cumulative disadvantage," i.e., poor labor market prospects combined with challenges to stable family structures and the lack of a real social safety net, can explain increased mortality rates among Whites with lower educational attainment.[13] This article does not address familial or educational aspects of the crisis in Pike and Wayne, although this is a future goal of continued study. Moreover, this article focuses uniquely on the opioid misuse and overdose element of "deaths of despair"; future research will address increased alcohol misuse, interpersonal violence, and suicide rates observed in both counties.

Wayne and Pike Counties both reported 23 drug-related deaths per 100,000 inhabitants in 2017. This, however, represents a decrease of 29% for Wayne since 2015, but an increase of 117% in Pike.[14] According to the same 2017 data, the 25-34-year-old cohort was disproportionately affected by drug-related deaths. Pennsylvanians aged 25-54 represented 75% of overdose deaths between 2015 and 2017, but only made up 40% of the population, coinciding with national statistics.[15] In these rural areas where many claim "there's nothing to do," the most affected demographic is the youth population that stays instead of attending college out of the county or joining the military. Furthermore, the common perception that there is nothing to do is emphasized by a lack of public transportation, which is explored below.

While opioid prescription rates are at their lowest in over 10 years nationally and are decreasing in Pennsylvania, even if they are still higher than the national average in some counties, participants blame the healthcare system, like overprescribing doctors, first responders, and insurance companies, for getting people hooked in the first place and for not helping them once addicted.[16] The local news increasingly reports instances of overprescription and "pill mills" in Pike and Wayne, which have become a focus of attention for

13 A. Case, A. Deaton, "Mortality and Morbidity," *op. cit.*, p. 429-434.

14 "The Opioid Threat in Pennsylvania," *DEA Philadelphia Division and University of Pittsburgh*, Sept. 2018.

15 *Ibidem.*

16 Pike and Wayne Counties' prescription rates are below the national average. Additionally, here, "first responder" refers to several possible professions. First responders may be medical

locals. Furthermore, the makers and distributors of these opioids, like Purdue Pharma and Johnson & Johnson, have faced lawsuits as early as the late 2000s, although they have become more common since the late 2010s, for their role in the epidemic.[17] As of late 2019, 2,000 such lawsuits are taking place nationwide, including Pennsylvania's suit against Purdue Pharma.

However, the issue is not solely due to medical access to opioids: according to medical examiner data, prescription opioids were the fifth leading cause of drug overdose death after fentanyl, heroin, benzodiazepines, and cocaine.[18] Since 2014, fentanyl has become increasingly popular and linked to overdose deaths, notably on the East Coast: between 2015 and 2017, Pennsylvania reported a 150% increase in fentanyl-related deaths.[19] Fentanyl is a synthetic opioid given to cancer patients and used for severe pain treatment usually after surgeries, often when patients have reached tolerance of other types of opioids. It is thus used pharmaceutically, but most common in Pennsylvania are illicit forms of fentanyl, either legally obtained and illegally passed to someone without a prescription or in illegally fabricated non-pharmaceutical forms.[20] Once produced in China and Mexico, they are smuggled into the country and distributed via drug sale networks throughout Pennsylvania in connection with neighboring New York and New Jersey. Additionally, many users believe they are purchasing pure heroin, but they receive a potentially deadly mixture of fentanyl and heroin. More potent than heroin, using fentanyl, fentanyl-related substances, and such mixtures as if they were heroin has, in part, led to the increase in fentanyl-related overdoses.

professionals like Emergency Medical Technicians (EMT) or paramedics. Other times, they may be police officers or firefighters.

17 Drugmakers are accused of falsely advertising the benefits and failing to provide accurate information about risks associated with opioid use. Drug distributors are being charged with ordering excessive pills for areas whose populations do not justify them, ultimately resulting in too many pills in too few hands.

18 Medical examiners and coroners are elected in each county to a four-year term. The data set is referring to a combination of data provided by these county sources to calculate state-level statistics. "The Opioid Threat," *DEA Philadelphia Division, op. cit.*

19 *Ibidem.*

20 The Pennsylvania House passed HB1987 in June 2018, which would limit fentanyl prescriptions to in-hospital or hospice care use only, unless used for cancer patients or to treat very specific medical conditions. It is still in committee in the Pennsylvania Senate.

The Situation in Pike and Wayne: Treatment Centers, Transportation, and Legal Issues

Those who seek help to overcome addiction to legal or illegal opioids face a rehabilitation center accessibility problem. Inpatient centers, where patients live for a set amount of time to detox then focus on counseling and lifestyle changes, are limited. Aside from resort-model centers detailed below, residents depend on inpatient centers outside of the counties. Even for those who do have access to resort-style or out-of-county centers, insurance companies may not cover sufficiently long or evidence-backed programs, limiting or blocking access. While the link between insurance and political outcomes will be discussed below, insurance coverage plays a role in health outcomes in these counties in that they tend to cover 30 days in rehabilitation programs, instead of the 90 that is recommended by health professionals.

One 50-year-old Pike participant whose son is fighting addiction described the difficulties he faced after leaving jail and a rehabilitation program:

> They recommend 90—90 days [in a rehabilitation center] is more realistic to have a better outcome. 30 is okay, it's not bad, but you have to seriously change every single thing. At least by 90 days, you're used to, and you have it in your head, "Alright, I'm gonna have to not be friends with Joe anymore. I'm not gonna be able to hang out," or "I can't go to bars anymore." (...) They just have to entirely reset everything.[21]

Without the ability to uproot and start a new life somewhere without the friendship networks, places, and access to drugs that increase the risk of relapse, rehabilitation can be unsuccessful. While there are support groups for people with addiction and their families in Pike and Wayne—notably Alcohol and Narcotics Anonymous 12-step programs—long-term, sober residential options, aside from costly or far away inpatient centers, are nonexistent.

As for outpatient centers, where patients receive treatment during the day but return home after, overcrowding presents an obstacle. One interviewed caseworker assigned to a local corrections facility explained that overcrowding in Pike outpatient facilities is so extreme that patients are often left to wait or are advised to go to neighboring Monroe County. The two outpatient centers in Pike are Catholic Social Services and Redco Group Behavioral Health Services. Comparatively, there are two outpatient centers in Wayne County: PA Treatment and Healing (PATH) and NHS Northeastern PA. For those without

21 Interview at Dunkin' Donuts, Honesdale, Pennsylvania, 6 Aug. 2019.

transportation to out-of-county residential programs, funds for resort-model centers, or access to outpatient services, treatment options are limited.

Considering these issues and costs associated with rehabilitation, one interviewee cited "having the money" as the only real solution. This focus on financial means was notably discussed regarding famous and costly resort-model treatment centers like Passages Malibu, as a 65-year-old retiree mentioned directly.[22] These resort-model treatment centers tend to propose a particular vision of addiction that differs from traditional medical ones. Locally, God's Mountain Recovery Center in Waymart (Wayne) proposes a faith-based program for women described as "a place to reconnect with the beauty of nature" to "align oneself with the inherent wisdom that is within us all."[23] A "spiritual paradigm" model is offered to 18-28 year-old men at Little Creek Lodge in Lake Ariel (Wayne). In 2016, its reported cost was $6,700 for 30 days.[24] Furthermore, people who are not actively using but fear relapsing are not given priority when it comes to deciding who gets a bed in a rehabilitation center. Inpatient rehabilitation centers take the most acute cases, notably when detoxing is required, so people in less medically urgent situations must find outpatient options or individual therapists or counselors, which may not best serve their needs.

Regarding transportation to get to any of these rehabilitation options, the lack of accessible, affordable public options prevents some residents with disabilities and those without access to a personal vehicle—often the elderly, young people, and those who have lost their license due to substance-related offenses—from enjoying the necessary mobility to participate in community life or to seek these treatment options.[25] There are some taxis and train or bus companies, like Coach USA or Greyhound, but they can be cost-prohibitive.

A few publicly-funded options do exist, but they too present limitations. Medical transport in Pike and Wayne, for example, is only available in particular cases. One 31-year-old Wayne participant explained that she is only eligible for this service as a recipient of state medical disability benefits. The Medical Assistance Transportation Program (MATP) covers accepted medical trips for

22 Passages Malibu, a $23,000,000 mansion in the "Rehab Riviera" of California, boasts its non-12 step treatment approach to "curing" addiction, which CEO Pax Prentiss claims is not a disease on the center's website.

23 "About," God's Mountain Recovery Center, Inc, *Psychology Today*, 19 July 2019.

24 "Little Creek Lodge," *RehabCosts.org*, 18 April 2016.

25 Community activities include festivals (Milford Music Festival, Black Bear Film Festival, and more), classes (plant identification courses or bird spotting activities), sporting events (guided nature walks, 5K charity runs, and others), and natural resources (lakes, rivers, waterfalls, and hiking throughout the area). Furthermore, many of these locations and happenings are not handicap-accessible, limiting access in other ways in addition to the question of transportation.

free and the Persons with Disabilities (PwD) program serves those with disabilities for a fee of 15% of the trip's real cost. Trips for seniors, financed by the Area Agency on Aging (AAA) and the Pennsylvania Department of Transportation (PennDOT), cost one dollar for in-county transport and two dollars for out-of-county transport. Some transportation options end at 9 p.m., while some run only until 4 p.m.[26] Similar options exist in Pike, but appointments must take place between 10 a.m. and 1 p.m. Users must be ready and wait an hour before the scheduled appointment, they must pay all tolls between pickup and destination locations, and they must accept that all rides are shared.[27] Sharing rides leaves users vulnerable to last-minute schedule changes, as described by a Wayne participant who depends on it:

> It's hard to take [public transportation] sometimes. I could call them right now, tell them I'm done[28] (...) and I could wait another hour and a half. (...) You might get to your appointment 10 to 15 minutes late; not every doctor's gonna take you if you're 10 to 15 minutes late. So, it's not always reliable. I mean, it's reliable in the fact that they are always gonna pick you up, it just doesn't mean you're gonna get to where you need to be on time.[29]

Furthermore, these options are available for medical reasons or group shopping trips, notably for seniors, but not for social reasons: "It sucks. 'Cause unless somebody can come pick me up, I can't go hang out with friends, you know? And they close at 4 [p.m.] (...) so I have to call them by 2 o'clock to get picked up." When asked what she would do at night, she replied: "You...don't."[30]

In the case of those who are or who once were licensed drivers, lack of affordable public transportation was seen as a reason why some may drive without a license or drive under the influence of drugs or alcohol, which can further deprive them of treatment access and involvement in the local community. As the 31-year-old Wayne resident mentioned above said,

> My best friend is a drug addict—oh, recovering drug addict. But she's got 14 suspensions and she still has to drive because in order to go to meetings, meetings are 7, 8 o'clock at night[31]. (...) It's either drive or don't go, and if you don't go, you're bound to relapse.[32]

26 "Wayne County Transportation System," *Wayne Conservation District.*
27 "Pike County Transportation," *Delaware Township, Pennsylvania.*
28 The participant is referring to being finished with our interview.
29 Interview at Dunkin' Donuts, Honesdale, Pennsylvania, 17 July 2019.
30 *Ibidem.*
31 "Meetings" refers to 12-step program group therapies mentioned above.
32 Interview at Dunkin' Donuts, Honesdale, Pennsylvania, 17 July 2019.

Once without a license, the situation becomes even more complex. A correctional facility caseworker illustrated this when she explained the following during an interview:

> There's this one person I know, they got their license suspended because they got caught with drugs. No license. Unless he goes to this one agency, he isn't going to get it back. So, he can't drive legally, um, so it's like how can you get to Port[33]? I mean, transportation's a difficult thing and...if you, let's say you have, even if it's a misdemeanor, people I know have a hard time getting a job even if it's not a felony. (...) You can't get a job, so you can't pay for transportation.[34]

Having a criminal record, as this interviewee described, can limit future access to employment. Many job applications requiring applicants to check a box if they have been convicted of a crime in general, a felony more specifically, or either within a certain recent time frame. While 35 states, including Pennsylvania, have passed "ban the box" legislation for *state* employment, private Pennsylvania companies are still permitted to continue this practice.[35]

The correctional facility caseworker also explained the challenges of getting patients connected to Medicaid and other services before leaving jail:

> But then at times, if they didn't get out when they were scheduled to[36], it fell through. (...) If they can't drive, getting to a doctor's is hard. (...) If you can't get a job, you can't get money and transportation—I don't know if they[37] do free transportation, and if they do, I heard it's very limited. (...) I think that's not fair. Let's say you commit a felony at 18, you're 28. Ten years ago, you're S.O.L. pretty much.[38] (...) And like, for example, Redco used to be a place where they'd refer a lot of clients to.[39] At one point I know they weren't accepting patients for months and months. It's like, okay, good luck finding anyone now.[40]

The nonexistence of a general public transportation system thus plays a large role in Pike and Wayne, both generally and regarding drug use.

....

33 The nearest Department of Motor Vehicles office to get the speaker's acquaintance's license back is located in Port Jervis, New York.

34 Interview at Dunkin' Donuts, Matamoras, Pennsylvania, 28 Dec. 2018.

35 The city of Philadelphia is a notable exception in Pennsylvania, having passed local "ban the box" laws for private employment. However, Philadelphia is two to three hours by car from either county and the question may still be asked elsewhere in the state.

36 The speaker is most likely referring to incarcerated people who, after serving their minimum sentence, may be released from jail on parole. They may not be able to reorganize appointments at welfare agencies in time to have access to the public assistance they need upon release.

37 The speaker is unclear as to who "they" refers to, but is most likely referring to the state.

38 "S.O.L." here is a slang word for "sh*t out of luck."

39 "Redco" refers to the Redco Group Behavioral Health Services Outpatient center of Pike County, mentioned above.

40 Interview at Dunkin' Donuts, Matamoras, Pennsylvania, 28 Dec. 2018.

County, State, and Federal Efforts to Fight the Epidemic

To respond to problems of availability and accessibility, new local treatment options have been proposed. For example, in February 2018, residents of neighboring Port Jervis, New York debated whether the town should allow the construction of a methadone/suboxone drug-exchange clinic.[41] The company proposing the clinic, Cornerstone, suggested several locations, including one on Pike Street, the main road through the center of town, and another near Port Jervis' train station in the town's commercial center and a five-minute drive from Pike's border. Residents feared this clinic would attract too many "outsiders" with addiction, notably from Pike, owing to the lack of similar facilities nearby. They also argued that it would put schools and residential areas at risk. Others suggested this was simply replacing one drug for another combined with a lack of medical supervision as the location is not near the local medical center.[42] A pharmacy intern and graduate student from Wayne described these medication-assisted treatment centers as "enabling" "safe spaces."[43]

She used the term "safe space" negatively to refer to such clinics, but it originates from programs and policies on some American campuses that seek to eliminate bias and discrimination against historically underrepresented groups by conducting anti-bias trainings, providing gathering and living spaces comprised of these groups and allies, and creating a sense of community for individuals who, due to their belonging to one or more of these marginalized groups, often express isolation on campus. After gaining national prominence, the concept received criticism as an effort to "turn campuses into 'safe spaces' where young adults are shielded from words and ideas that make some uncomfortable."[44] In the context of the cited interview, medication-assisted treatment was seen as a way to "shield" users from drug use's consequences instead of treating it. They would, in the words of the participant, "enable" users to avoid uncomfortable aspects of recovery or ending drug use entirely. Labeling an evidence-backed harm reduction technique this way contributes to the stigma users face.

In Pike, two potential locations for new rehabilitation centers were proposed to respond to increased need, overcrowding, and unavailability of other centers,

41 Methadone is used to decrease dependence by weening users off the opioid they are addicted to Suboxone treats dependence by obstructing opioid receptors in the brain.
42 Anya Tikka, "Port Jervis methadone clinic discussed," *The River Reporter*, 24 Jan. 2018.
43 Interview at Dunkin' Donuts, Honesdale, Pennsylvania, 16 Aug. 2018.
44 Greg Lukianoff, Jonathan Haidt, 2015, p. 4, cited p. 89 in Valerie Scatamburlo-d'Annible, "The Culture Wars Reloaded: Trump, Anti-Political Correctness and the Right's 'Free Speech' Hypocrisy," *Journal for Critical Education Policy Studies*, vol. 17, n° 1, April 2019, p. 69-119.

but according to one 24-year-old direct support professional and full-time student, this was quickly "shut down"[45]:

> When it's happening here, it's like "This is such an issue, this is such an epidemic! We need to do something!" And then you're given the opportunity to do something, but "I don't want that here." (...) If you have something right here and the resources right here (...) if you can reach one more person, then that's one more person, you know? But that quickly got shut down because "They're criminals and we don't want them here!"[46]

Stigmatization of drug users will be analyzed below, but as a result, the center was never built.

At the state level, some progress has been made so far in Pennsylvania even if study participants expressed concern about these solutions' viability. One proposal that has succeeded in many states including Pennsylvania is rendering naloxone, colloquially called the "overdose drug" and locally marketed as Narcan, more readily available. In October 2017, Governor Tom Wolf, a Democrat, released funds earmarked in the 2017-2018 budget to give naloxone to first responders in all Pennsylvanian counties. Earlier that year, Pennsylvania Secretary of Health Dr. Rachel Levine published a standing pharmacy order allowing any Pennsylvanian to have naloxone on-hand.[47] As it has no negative side effects on those who do not need it and its benefits outweigh negative side effects for those experiencing an overdose, medical doctors have judged this a safe solution.

Mirroring national trends, however, participants were suspicious of this practice. One 27-year-old 911 dispatcher expressed that easily accessible naloxone was "awesome" but that it "hinders people" in the sense that "the younger generation can say, 'Okay, now we can party and we can have one person as a designated person to make us all stay alive.'"[48] This concern has so far been disproven in the existing literature.[49] Some participants had concerns regarding which users naloxone can help and whether local first responders were willing to use it in

45 These suggested locations were the former Malibu Dude Ranch and Mount Haven, a former resort-style Italian restaurant-hotel.

46 Interview at the Frisky Goat Café, Milford Pennsylvania, 15 Aug. 2018.

47 This refers to a prescription that can be printed from the Pennsylvania Department of Health's website: https://www.health.pa.gov/topics/Documents/Opioids/General%20Public%20Standing%20Order.pdf.

48 In this instance, the interviewee did not view users as in pain or despair, but rather as partiers. Interview at the Frisky Goat Café, Milford, Pennsylvania, 28 Dec. 2018.

49 Daniel Kim, *et al.*, "Expanded Access to Naloxone: Options for Critical Response to the Epidemic of Opioid Overdose Mortality," *American Journal of Public Health*, vol. 99, n° 3, March 2009, p. 402-407.

cases of repeated overdose. One claimed that "Narcan doesn't help fentanyl"[50]; with the increase of fentanyl overdoses, the perception that naloxone cannot stop an overdose in progress decreases this solution's efficacy. While naloxone can stop a fentanyl overdose, fentanyl is more potent than other opioids and some forms may have a delayed onset, requiring multiple, spaced-out doses of naloxone to halt a potentially fatal overdose. Other opioids may also necessitate multiple doses. However, first responders sometimes "believe after a certain amount, even if it's one or two doses of Narcan, they should stop. Or that person doesn't deserve it," according to one participant who lived with roommates who were battling addiction.[51] She linked this to the increase of overdoses. While data is not available to support or refute this particular claim, the well-documented stigmatization of drug users combined with the increase in overdose cases suggests this practice may be a reality.[52]

Reports of drug users being judged as "deserving" or not of naloxone are only part of the stigmatization users may face, which affects the viability of proposed solutions and their acceptance, or non-acceptance, in local communities like those of Pike and Wayne. Not only can users be viewed as criminals, as seen above regarding proposals for local centers, but they are also labeled "junkies." The Pike woman whose son is battling opioid addiction said that the term "junkies" is inherently stigmatizing and that "that person is not a dirtbag just because they're addicted to drugs."[53] She said that people are "so mean" about drug use and use this term because "they don't know" what it's like to be addicted or to care for someone who is.[54] A 31-year-old Wayne woman cited above explained how people with addiction are viewed, noting again the perception of dirtiness:

> Somebody sees a person and if they know them as an addict, they think they're bad. They're a horrible person. I lived in a trap house. There were 14 addicts who lived in that house with me. I'll tell you, out of those 14 people, not one of them would have let harm come to me. (...) Everybody knew it was a trap house, everybody thought people that walked in and out of there were dirty and nasty.[55]

50 Interview at Dunkin' Donuts, Honesdale, Pennsylvania, 17 July 2019.

51 Interview at Dunkin' Donuts, Honesdale, Pennsylvania, 17 July 2019.

52 For stigma among healthcare professionals, see Leonieke C. van Boekel *et al.*, "Stigma among health professionals towards patients with substance use disorders and its consequences for healthcare delivery: Systematic review," *Drug and Alcohol Dependence*, vol. 131, n° 1-2, 1 July 2013, p. 23-35.

53 Interview at Dunkin' Donuts, Honesdale, Pennsylvania, 6 Aug. 2019.

54 *Ibidem.*

55 Interview at Dunkin' Donuts, Honesdale, Pennsylvania, 19 July 2019.

Along with a lack of cleanliness, drug use's "dirtiness" is often linked to the broader community's perceived safety. A 49-year-old man who lives in Pike and works in Wayne explained that "[The opioid crisis] is everywhere. Right down to our little kids playing in the park, they are taught not to touch a needle if they see it."[56] Needles discarded in public places is one of the most visible signs of drug use in the two counties, which can fuel this perception of dirtiness. Wayne has addressed this problem by launching the Heroin Prevention Task Force, which responds to reports of needles left in public places and safely disposes of them.

Dirtiness and cleanliness are important concepts in American social life, their histories rooted in the social hygiene movement. Appearing in the early 20th century to combat venereal disease and prostitution by providing sexual education, the social hygiene movement influenced and shared some tenets with American eugenicist science of the same era, which claimed to have evidence of a need to sterilize certain populations, notably poor, "White trash" and certain communities of color. While this article will not discuss the history of terms like "White trash," which has strong ties to this eugenicist past, or their prevalent use in Pike and Wayne, the link between drug use and conceptions of cleanliness is a strong feature of American social thought. This history directly informs the stigma users face today and is displayed in the association of drug use and "dirtiness."

In general, participants and residents more broadly seem to want to find solutions and help those who are struggling, but not at the expense of making the issue even more visible in their communities given the perceptions of dirtiness associated with drug use. This is one area of improvement that could tangibly change health outcomes in rural counties like Pike and Wayne. To this end, HOPE 4 PIKE is a community group whose mission is to educate, advocate for, and support those struggling with addiction, their families, and the community. Wayne's Heroin Prevention Task Force, mentioned above, has similar goals, but its description focuses on preventing drug-related crime with the involvement of law enforcement. While this goal responds to local concerns about crime and discarded needles for example, they are punitive rather than rehabilitative, and may contribute to local stigma.

Additionally, the problem of transportation has not yet been addressed in the counties. However, locals have noted an increased frequency of sobriety checkpoints on roads throughout the counties to get impaired drivers off the

56 Interview at Black & Brass Roasting Company, Honesdale, Pennsylvania, 2 Aug. 2019.

road. Not addressing potential reasons behind impaired driving while increasing law enforcement efforts to punish it may contribute to the mobility problems explained above.

In terms of the federal response, the Trump Administration's initial plans included efforts to stop drugs at the border, to reduce opioid prescriptions, to encourage the FDA to more quickly approve drugs that help users quit, and to prosecute large pharmaceutical companies. Regarding the border, commentators criticize the use of the opioid epidemic as justification for racist and xenophobic policy. However, the epidemic has pushed the Trump Administration to reconsider harsh sentencing guidelines and the incarceration of non-violent drug offenders, a sharp departure from War on Drugs-era criminal justice practices. Additionally, official White House announcements state that it is trying to increase access to evidence-supported rehabilitation services throughout the country, but this effort has not yet been felt in Pike or Wayne.

Moreover, many of these efforts have had unintended consequences. For example, as one 2019 study participant explained, "the government has made it so hard for them to prescribe drugs to anybody" so she "did what a lot of people do" and "turned to the drugs."[57] In addition to turning to heroin instead of prescribed painkillers, she eventually became involved in drug sales to maintain access and a source of income, as her disability assistance did not meet her needs.

Indeed, removing access to one drug does not address the complex nature of addiction nor its links with systemic and interpersonal factors like chronic pain conditions, insurance, isolation, and despair. Since prescription opioid use has decreased, increased deaths related to overdoses linked to other substances like cocaine, benzodiazepines, and illicit forms of fentanyl have been observed in mortality statistics. When access to one type of drug is cut, others have tended to take its place; a border wall and increasingly strict prescription guidelines thus do not respond to all aspects of the issue. Furthermore, already insufficient welfare programs are facing cuts and increasingly stringent conditions for access under Trump, in addition to the continued threat to the Affordable Care Act which could deprive many of access to treatment centers. Increasing precarity and poverty contribute to Case and Deaton's "cumulative disadvantage," linked to higher substance-related mortality rates.

Finally, while the Trump Administration dedicated $1.8 billion to various efforts to fight the epidemic in 2019, local communities still express frustration

57 Interview at Dunkin' Donuts, Honesdale, Pennsylvania, 17 July 2019.

at a lack of resources to address the fundamental socioeconomic aspects. These deeper problems take a backseat to urgent "triage" aspects of the crisis, as one participant labeled it, putting a band-aid on too deep a wound. Furthermore, earmarking money specifically to the *opioid* epidemic may deprive those addicted to other substances from the help they need, transforming one crisis into another without solving it.[58]

Political Outcomes in Pike and Wayne

Irrespective of the successes or failures of his initiatives, Trump's emphasis on the epidemic has given some hope about his Administration's ability to help solve their community's problems. As a 40-year-old auto insurance broker framed it: "[the government]'s a corporation that's keeping America alive," and Trump positioned himself as the one who would run it best, knowing "the art of the deal."[59] However, most participants felt that the ongoing national conversation was not resulting in real action:

> This could go back to, like, do I feel represented? No, and these are all the reasons why. It's because we have all these problems and people talk about them and debate about them, but you never see someone say, "This is what I'm gonna do to address this issue." Plain and simple. Like it's not hard to sit down and sit with a team of doctors and say, "Well what can we do? How can we combat this?" (...) I don't think anyone's made meaningful strides to help that problem [the opioid epidemic] that's been going on in our country.[60]

Furthermore, this participant confirmed earlier in the interview that he did not vote in the 2016 election as he didn't feel represented by either candidate, especially on issues like opioids that he said are affecting friends and community members. While there is an ongoing conversation between members of the state government and healthcare providers, as evidenced by Governor Wolf's work with the Secretary of Health discussed above, the *perception* that no meaningful conversation is taking place is one that affects the locals' political views. Additionally, one participant, a roofer previously addicted to opioids himself, saw this White House's political response as disingenuous compared to previous drug epidemics, as discussed above:

> We saw the same thing for decades in the '80s with the crack epidemic and (...) that affected minority communities more and their punishments were

58 Jack Shuler, "Endless Addiction," *Pacific Standard*, 8 Jan. 2019.
59 Interview at State Farm Insurance, Milford, Pennsylvania, 27 Dec. 2018.
60 Interview at Dunkin' Donuts, Milford, Pennsylvania, 16 Aug. 2018.

> harsher and there was not a lot of empathy or tolerance for people who were wrapped up in that. But now I think that politicians have to address it (...) they kind of all have to say the right things about it because it's an issue now that affects everyone. So many people that they can't, you know, they can't have this like, uh, "Send 'em all to jail!" stance, or like just ignore it (...). They have to have some kind of policy for helping people who are suffering from opiate addiction or alcoholism or whatever it is.[61]

Many participants have linked systemic issues like insurance coverage and the opioid epidemic to explain their support for candidates like Vermont Senator Bernie Sanders and other Democrats. The roofing contractor explained:

> There are not a lot of left-wing roofers or construction workers. I'm part of the working class, right? (...) I think that Trump like, he says that stuff, like he talks *to* those people, but he's not really saying anything to me of what he's gonna do. Like, you're just gonna bring coal mines back? That doesn't really mean anything.[62]

"Those people" refers to blue-collar workers who supported Trump thanks to his promises to bring back jobs in declining industries like coal. The opioid crisis, labor rights, healthcare, and social policy all influenced his choice to support Sanders and Democratic politicians: "I think [the Democrats] generally have a better idea of how to talk to the working class—or they should, anyway. Their policies are better for us."[63] For him, the problems of the working class are talking points for Republicans, whereas the Democrats have adopted them into their policies.

More generally, he and others cited emerging political movements like the Democratic Socialists, local Green Party candidates, and political figures like Alexandria Ocasio-Cortez as proof that politics may be beginning to better respond to voters' concerns and reflect the people it is intended to serve. Regarding actual electoral support in the 2016 Democratic primaries, while Pike Democrats supported former Secretary of State Hillary Clinton by 51.22%, Sanders won Wayne with 51.70% of the vote.

Other participants also felt poorly or not at all represented by their elected officials at any level from either party. A 29-year-old female licensed esthetician from Pike said, "The two-party system doesn't work anymore (...) it's two sides of the same coin. (...) It's no concern for us, no concern for real healthcare, no real concern for honestly anything."[64] In all, the response of voters, or non-voters,

61 *Ibidem.*
62 *Ibid.*
63 Interview at the Dimmick Inn & Steakhouse, Milford, Pennsylvania, 15 Aug. 2018.
64 Interview at 403 Broad, Milford, Pennsylvania, 28 Dec. 2018.

to the increase of substance abuse-related issues has been varied and nuances common media depictions of Appalachia and other areas hard-hit by the opioid epidemic as uniformly "Trump country."

Conclusion

Local and state responses to Pike and Wayne Counties' opioid crisis have received mixed responses from locals. The federal government's effort at ending the epidemic has been perceived as insufficient or simply rhetorical. In spite of this, it appears something is working: early statistics from 2019 show a decrease in overdose rates nationally. On the ground in communities like Pike and Wayne, however, many structural factors hinder access to necessary rehabilitative services, basic needs, and community engagement. The continued effects of a complicated and sometimes insufficient healthcare system, a lack of public transportation, and stigma have been identified as parts of Pike and Wayne's opioid crisis. Efforts are still needed there to reduce stigma among residents and healthcare professionals, to provide accessible and evidence-backed treatment options, and to invest in public transportation that would allow for greater community and professional insertion to help avoid the isolation and sense of despair that can lead to drug use or encourage relapse.

In light of the 2020 presidential election, the Trump Administration's efforts to provide states and local collectivities with the resources they need must be stepped up if Trump plans to recapture voters' hope for relief. As for the Democrats, entrance poll data from the Iowa Caucus and exit poll data from the New Hampshire primary found that healthcare was the top concern for voters, giving a very early indication of how the opioid epidemic may figure into who they will back at the polls. As the 2020 election unfolds, the opioid epidemic and resulting cynicism about the health of local communities may prove to play a role in which candidate voters support come Election Day.

☑

Bibliography

"About," God's Mountain Recovery Center, Inc, *Psychology Today*, 19 July 2019. Available online < https://www.psychologytoday.com/us/treatment-rehab/pa/wayne-county/414859?sid=5d6a56d120858&ref=1&tr=ResultsName >. Accessed on 29 Aug. 2019.

BRADLEE, Ben Jr., *The Forgotten: How the People of One Pennsylvania County Elected Donald Trump and Changed America,* New York: Little, Brown and Company, 2018.

CASE, Anne, DEATON, Angus, "Mortality and Morbidity in the 21st Century," *Brookings Papers on Economic Activity,* Spring 2017, p.397-401. Available online < https://www.brookings.edu/wp-content/uploads/2017/08/casetextsp17bpea.pdf >. Accessed on 25 Aug. 2019.

"Chapter 25 - Anthracite Coal-Mine Fires of Northeastern Pennsylvania," p.651-665 in *Coal and Peat Fires: A Global Perspective,* Stracher, Glenn B. *et al.*, dir., Elsevier, 2015. < https://www.sciencedirect.com/science/article/pii/B9780444595096000259 >. Accessed on 17 Feb. 2020.

COURTWRIGHT, David T., *Dark Paradise: A History of Opiate Addiction in America before 1940,* Cambridge: Harvard University Press, 1982

GOODWIN, James S. *et al.*, "Association of Chronic Opioid Use With US County Presidential Voting Patterns in 2016," *JAMA Network Open,* American Medical Association, 22 June 2018.

Available online < jamanetwork.com/journals/jamanetworkopen/fullarticle/2685627 >. Accessed on 17 Feb. 2020.

KIM, Daniel, *et al.*, "Expanded Access to Naloxone: Options for Critical Response to the Epidemic of Opioid Overdose Mortality," *American Journal of Public Health,* vol. 99, n° 3, March 2009, p. 402-407.

Available online < https://www.ncbi.nlm.nih.gov/pmc/articles/PMC2661437/ >. Accessed on 29 Aug. 2019.

"Little Creek Lodge," *RehabCosts.org,* 18 April 2016. Available online < http://www.rehabcosts.org/center/pa_18427_little-creek-lodge >. Accessed on 29 Aug. 2019.

MUSTO David, *The American Disease: Origins of Narcotic Control,* New York: Oxford University Press, 1987.

NETHERLAND, Julie, HANSEN, Helena, "White opioids: Pharmaceutical race and the war on drugs that wasn't," *Biosocieties,* vol. 12, no. 2, June 2017, p.217-238. Available online < https://www.ncbi.nlm.nih.gov/pmc/articles/PMC5501419/pdf/nihms752948.pdf >. Accessed on 13 Jan. 2020.

"The Opioid Threat in Pennsylvania," *DEA Philadelphia Division and University of Pittsburgh,* Sept. 2018. Available online < https://admin.dea.gov/sites/default/files/2018-10/PA%20Opioid%20Report%20Final%20FINAL.pdf >. Accessed on 28 Jan. 2020.

"Pennsylvania Results," *Decision 2016,* NBC Universal News Group. Available online < www.nbcnews.com/politics/2016-election/PA >. Accessed on 27 Jan. 2020.

"Pike County Transportation," *Delaware Township, Pennsylvania.* Available online < https://www.delawaretownshippa.gov/township-resources/pike-county-transportation >. Accessed on 25 Aug. 2019.

SCATAMBURLO-D'ANNIBLE, Valerie, "The Culture Wars Reloaded: Trump, Anti-Political Correctness and the Right's 'Free Speech' Hypocrisy," *Journal for Critical Education Policy Studies,* vol. 17, n° 1, April 2019, p. 69-119. Available online < http://www.jceps.com/wp-content/uploads/2019/04/17-1-3-1.pdf >. Accessed on 31 Aug. 2019.

SHULER, Jack, "Endless Addiction," *Pacific Standard,* 8 Jan. 2019. Available online https://psmag.com/magazine/a-year-in-the-heart-of-the-addiction-crisis-in-rust-belt-america Accessed on 17 Feb. 2020.

TIKKA, Anya, "Port Jervis methadone clinic discussed," *The River Reporter,* 24 Jan. 2018. Available online < https://riverreporter.com/stories/port-jervis-methadone-clinic-discussed,18968? >. Accessed on 25 May 2019.

VAN BOEKEL, Leonieke C. *et al.*, "Stigma among health professionals towards patients with substance use disorders and its consequences for healthcare delivery: Systematic review," *Drug and Alcohol Dependence*, vol. 131, n° 1-2, 1 July 2013, p. 23-35. Available online < https://www.sciencedirect.com/science/article/abs/pii/S0376871613000677 >. Accessed on 29 Aug. 2019.

"Wayne County Transportation System," *Wayne Conservation District*. Available online < http://wayneconservation.org/DocumentCenter/View/808/Wayne-County-Area-Agency-on-Aging-Brochure-PDF?bidId= >. Accessed on 25 Aug. 2019.

Of Rust and Race : les dynamiques ethno-raciales de la désindustrialisation à Cleveland (Ohio) et Bradford (Royaume-Uni)

Olivier Esteves*

Résumé

Cet article invite à débanaliser la notion de 'Rust Belt' à travers une approche comparative, en mode micro et transnational, des villes de Cleveland, symbole américain de la Rust Belt, et de Bradford, ancienne grande cité textile d'Angleterre. Il analyse la manière dont la désindustrialisation dans chaque ville a été parcourue de dynamiques ethno-raciales, liées à la fuite des blancs dans les banlieues résidentielles à Cleveland et à l'immigration pakistanaise à Bradford. Affaire de réputation puisque la désindustrialisation alimente un puissant discours stigmatisant de l'extérieur, l'évolution de chaque ville ces dernières décennies a été liée à des thématiques d'actualité telles que la question environnementale (pollution du fleuve Cuyahoga et du lac Érié à Cleveland) et celle de l'Islam et de l'intégration des musulmans (affaire des Versets sataniques à Bradford).

Introduction

L'expression « Rust Belt » est problématique à plus d'un titre. Premièrement, elle circonscrit géographiquement un phénomène de désindustrialisation qui a affecté, et affecte encore, des régions entières aux quatre coins des États-Unis[1]. Si l'on s'en tient à la seule sidérurgie, on peut dire par exemple que Birmingham (Alabama) fait tout autant partie de la « ceinture de la rouille » que Cleveland

....

* Olivier Esteves est agrégé d'anglais et professeur des universités (Université de Lille), membre du CERAPS (UMR 8026). Il travaille sur l'immigration, l'ethnicité et l'intégration en Grande-Bretagne, avec un intérêt croissant pour les États-Unis. Il est notamment l'auteur de *De l'invisibilité à l'islamophobie : les musulmans britanniques (1945-2010)*, Paris : Presses de Sciences-Po, 2011 (préface de Gérard Noiriel) et de *The 'Desegregation' of English Schools* : *Bussing, Race and Urban Space* (Manchester University Press, 2018). Son ouvrage *Inside the Black Box of 'White Backlash' : Letters of Support to Enoch Powell (1968-9)* paraitra en 2021.

1 Voir, par exemple, les terrains archivistiques et ethnographiques sélectionnés dans Joseph Heathcott et Jefferson Cowie, dir., *Beyond The Ruins : The Meanings of Deindustrialization*, Ithaca, Cornell University Press, 2003.

(Ohio). Une ceinture crée un espace géographique, politique et symbolique à la fois délimité et cohésif, lequel épargne surtout le sud et l'ouest du corps en décrépitude de la zone des Grands Lacs, avec ses métastases postindustrielles notoires que sont Cleveland, Youngstown, Gary (Indiana), Flint (Michigan), et bien sûr Detroit. Si ce vocabulaire peut paraître légitimement choquant, il a surtout pour but d'insister sur le caractère fondamentalement réputationnel de l'expression « Rust Belt », dimension qui sera analysée ici à la fois dans le cadre de Cleveland et de Bradford au Royaume-Uni. En cela, et à l'instar des « ghettos » urbains, les villes citées figurent autant « d'espaces minorisés » (*minoritized spaces*) qui sont objets plutôt que sujets de discours dans le débat public, malgré les tentatives locales visant à « prendre la parole », de *Beltmag* à l'ouvrage collectif *Voices From the Rust Belt*[2]. Ces discours relèvent le plus souvent de la stigmatisation, de la pathologisation, de la disqualification.

Deuxièmement, l'expression « Rust Belt » est clairement considérée en Grande-Bretagne comme étrangère. Personne ne dit outre-Manche que Bradford, Birmingham, Blackburn ou Rochdale appartiennent une quelconque « Rust Belt » anglaise. Néanmoins, il y existe une profonde conscience de la désindustrialisation avancée d'un pays dont le tissu manufacturier fut le premier dans le monde à se constituer avec la révolution industrielle. La conversion à une économie de services n'y est pas différente d'ailleurs, à ceci près qu'elle a été en Grande-Bretagne plus rapide et plus violente[3]. On est loin ici des visions lénifiantes sur la « destruction créatrice » de Schumpeter, et ce n'est pas un hasard si la carte du vote en faveur du Brexit épouse assez nettement celle de la désindustrialisation, de la même façon que la « Rust Belt » états-unienne s'est révélée décisive dans l'élection de Donald Trump.

Cet article se propose d'analyser certaines dynamiques ethno-raciales liées au déclin économique de deux villes postindustrielles emblématiques : Cleveland pour les États-Unis, Bradford pour la Grande-Bretagne. L'histoire de la première est inextricablement liée à la sidérurgie, celle de la seconde au textile, et notamment aux lainages[4]. Pour les deux villes, le choc pétrolier n'a fait qu'accélérer, plutôt que provoquer, un désinvestissement massif. En effet, l'industrie textile britannique dans son ensemble a entamé son déclin au milieu des années 1920,

2 Michel Laguerre, *Minoritized Space : An Inquiry Into the Spatial Order of Things*, Oakland, University of California Press, 1999; https://beltmag.com/, le magazine en ligne fondé par Anne Trubek, existe depuis 2013; Anne Trubek, dir., *Voices From The Rust Belt*, New York, Picador, 2018.

3 Voir l'étude de l'Office for National Statistics qui se base sur des données sur le G7, *The Guardian*, 24 avril 2014.

4 Ce n'est d'ailleurs pas un hasard si Bradford est jumelée avec Roubaix, depuis 1969.

et certains historiens de Cleveland avancent que la ville ne s'est jamais vraiment relevée de la crise de 1929, avec des conséquences assez fulgurantes. Comme le disent David et Richard Stradling, « Cleveland fut construite à la hâte et démantelée plus vite encore »[5]. D'autre part, en termes démographiques, l'hémorragie pour Cleveland a été impressionnante (voir **tableau 1**), avec pour corollaire dans les deux villes cette fois une fuite massive des « blancs » vers la banlieue résidentielle, ainsi qu'une baisse des rentrées fiscales[6]. Certains événements célébrés comme des symboles forts de l'émancipation politique des minorités dans les deux villes doivent d'ailleurs être directement corrélés à ce *white flight*, sans pour autant nier qu'il s'agit là de symboles forts : on pense à l'élection de Carl Stokes comme maire de Cleveland en 1967, premier maire noir d'une grande ville américaine, et, dans une moindre mesure, à l'élection comme Lord Mayor of Bradford de Muhamad Ajeeb, d'origine pakistanaise, en 1985[7].

Tableau 1 : évolution démographique de Cleveland et Bradford (1950-2011) :

Année	Cleveland	Année	Bradford
1950	915 000	1951	292 000
1960	875 000	1961	296 000
1970	751 000	1971	294 000
1980	574 000	1981	464 000[1]
1990	505 000	1991	460 000
2000	475 000	2001	468 000
2010	396 000	2011	522 000

Source : recensements des États-Unis et du Royaume Un

1 Cette hausse importante est due à l'inclusion, en 1974, de villes comme Keighley et Shipley dans la nouvelle zone métropolitaine de Bradford.

5 David Stradling et Richard Stradling, *Where the River Burned: Carl Stokes and the Struggle to Save Cleveland*, Ithaca, Cornell University Press, 2015, p. 5.

6 Cette fuite n'est objectivable pour Bradford que depuis 1991, année où fut ajoutée au recensement une question portant sur l'appartenance ethnique. La question religieuse (la seule à être facultative) a été introduite en 2001.

7 Élu en novembre 1967, Stokes prend ses fonctions en janvier 1968 et reste maire jusqu'en novembre 1971.

Bradford : une immigration consubstantielle à la désindustrialisation

Pour insuffler un nouvel élan à une industrie vieillissante, le gouvernement britannique encouragea la modernisation du secteur textile à travers des lois, comme le *Cotton Reorganisation Act* (1959), qui favorisa de lourds investissements en équipement tout en provoquant licenciements massifs et recrutement de travailleurs immigrés. Le travail en équipes de nuit, permettant de compenser les coûts, eut par la même occasion tendance à se généraliser. Ainsi, selon un rapport de 1968 commandé pour l'industrie lainière du nord de l'Angleterre :

> Le recrutement d'immigrés a facilité les investissements en capitaux. Cela s'explique par le coût des nouvelles machines, trop élevé pour n'être fonctionnelles que 40 ou 48 heures par semaine. Ce matériel doit tourner de façon aussi intensive que possible, ce qui requiert la mise en place d'équipes de nuit. Or, bien souvent, les ouvriers rechignent à travailler la nuit, ou bien à faire les trois-huit. Les Pakistanais sont en règle générale beaucoup moins réticents à occuper ce type de poste que la main-d'œuvre autochtone[8].

L'immigration notamment pakistanaise dans les Midlands et le Nord était consubstantielle, dans les années 1960, à la mécanisation accrue pour faire face à un déclin industriel structurel. Désindustrialisation, mécanisation et immigration sont donc trois facettes inséparables d'une « destruction créatrice » anglaise qui conduit, *in fine*, à l'émergence d'une économie de service postindustrielle. En effet, dans les années 1980, les immigrés voient les manufactures textiles de la ville de Bradford et de la région se fermer une à une. Suprême ironie : il arrive parfois que les immigrés qualifiés soient employés eux-mêmes pour participer au démantèlement et à la délocalisation de leur appareil industriel dans les pays qu'ils avaient eux-mêmes quittés en quête d'emplois deux décennies auparavant (Bangladesh, Pakistan, Inde). Cette transformation répond à des injonctions tant nationales...Margaret Thatcher stigmatise les industries « bancales » (*lame-duck*) dans les années 1980...qu'internationales : l'Uruguay Round du GATT, bientôt rebaptisé OMC (1995), prévoit une vaste libéralisation des industries, et le textile n'est pas épargné.

« The *Fire This Time* »

La « désindustrialisation » est largement affaire de réputation. Cette dimension est à l'œuvre dans l'histoire récente des deux villes par des feux

8 Cité dans Olivier Esteves, *De l'invisibilité à l'islamophobie : les musulmans britanniques (1945-2010)*, Paris, Presses de Sciences-Po, 2011, p. 35.

très largement médiatisés et qui ont très durablement écorné leur image.. Il est tentant de faire un parallèle entre ces deux événements, même si l'incendie sur la rivière Cuyahoga à Cleveland en 1969 et l'autodafé des *Versets sataniques* à Bradford vingt ans plus tard ont des origines totalement différentes, liées à des enjeux industriels et environnementaux à Cleveland et à la montée de revendications ethno-raciales liées à l'islam dans le cas de Bradford.

« *Burning River* »

Le 22 juin 1969, la rivière Cuyahoga prend feu pendant une trentaine de minutes, ce qui n'est relaté que dans les médias locaux et ne semble guère préoccuper la population de Cleveland, davantage inquiète de la pollution du Lac Erié, thème sur lequel Carl Stokes a mené campagne aux municipales. Des nappes de pétrole résiduelles issues des industries locales, notamment des aciéries, ont déjà provoqué des feux sur l'eau, par définition impressionnants, en 1948 et 1956, et ce sont d'ailleurs des photos de ces feux que l'on retrouve souvent sur Internet pour illustrer celui de 1969, car les clichés montrant ce dernier manquent[9]. Il faut attendre 1969 pour que l'événement suscite un émoi national, et qu'il soit appréhendé non point comme une question économique mais bien comme une crise environnementale. Ce n'est pas un hasard, d'ailleurs, si la Journée mondiale de la terre (22 avril) commence à être célébrée un an plus tard. La pérennité de ce feu est importante dans l'inconscient collectif américain, conférant davantage encore à la ville de Cleveland une réputation très négative — le sobriquet de *Mistake on the Lake* commence à se généraliser à ce moment-là — et surtout, constituant un événement déclencheur du mouvement écologiste contemporain[10]. L'événement passe également à la postérité par le biais de récupérations artistiques (Randy Newman lui consacre notamment une chanson, "Burn On", en 1972) ou commerciales : la brasserie des Grands Lacs (Great Lakes Brewery) propose une bière blonde arborant le nom de « *Burning River* ».

Malgré la disparition de millions d'emplois, les multiples carrières, vies et communautés brisées par la désindustrialisation, le feu sur la rivière Cuyahoga permet de nuancer ce que certains historiens ont décrit comme *smokestack nostalgia*, une nostalgie du plein emploi ouvrier, de la fierté masculine liée à la virilité qui se déploie dans le travail en usine, de la camaraderie et de la solidarité entre blancs indissociables des communautés ouvrières[11]. Ce feu invite

9 Sur tous ces points, voir Stradling et Stradling, *Where the River Burned*, p. 144-172.
10 Comme le disent David et Richard Stradling, « Cleveland's burning river evolved into one of the founding myths of the environmental movement, and [that's] why the Cuyahoga still attracts so much attention today » (*Ibid.*, p. 16).
11 Heathcott et Cowie, *Beyond the Ruins*, p. 14-15.

à prendre conscience des désordres environnementaux liés au productivisme industriel[12], et à leurs conséquences directes sur les conditions de vie des habitants de Cleveland, où d'ailleurs, comme le montrent les courriers disséqués par les frères Stradling, les personnes les plus véhémentes face à la question environnementale habitent souvent en banlieues résidentielles plutôt que dans un centre urbain (*downtown*) pourtant bien davantage exposé à la pollution[13]. Cette réserve environnementale que l'on peut opposer à la nostalgie de la prospérité industrielle s'ajoute à celle déjà analysée par Jefferson Cowie, qui pointe quant à lui le sentiment d'aliénation et d'ennui partagé par de nombreux ouvriers sur les chaînes de montage, quelques années à peine avant le choc pétrolier, à un moment où les salaires, pourtant, n'ont jamais été aussi élevés, et où de nombreux ouvriers américains, dans les Grands Lacs comme ailleurs, sont propriétaires de leur logement et roulent dans d'imposantes berlines[14].

Une profonde blessure interculturelle[15]

Il faut ensuite revenir en détail sur l'autodafé de Bradford, tant l'affaire des *Versets sataniques* est érigée en question mondiale dans les années 1990, occultant de ce fait les spécificités nationales — et d'abord britanniques — de cette controverse éminemment complexe. Cette affaire connaît un retentissement mondial, provoqué par la fatwa de l'ayatollah Khomeini prononcée le 14 février 1989, et qui appelle « tous les musulmans zélés à exécuter rapidement » l'auteur et ses éditeurs, « où qu'ils se trouvent, afin que personne n'insulte les saintetés islamiques ». Un mois avant, le 14 janvier, des musulmans ulcérés par la publication de ce roman jugé blasphématoire organisent un autodafé de l'œuvre à Bradford, à l'appel du Bradford Council for Mosques. Les manifestants demandent alors au gouvernement Thatcher l'extension de la loi sur le blasphème aux religions non-chrétiennes, donc à l'islam, dans le but d'interdire le roman. La loi en question fut finalement abolie en 2007.

La publication de ce roman par un auteur mondialement célèbre, citoyen britannique issu d'une famille musulmane de Bombay, contribue à elle seule à faire des musulmans britanniques un groupe social extrêmement visible, qui, quasiment du jour au lendemain, inspire de multiples éditoriaux et

12 Pour une analyse analogue de cette problématique en France, voir Céline Pessis, Sezin Topçu, Christophe Bonneuil, *Une autre histoire des 'Trente glorieuses' : modernisation, contestations et pollution dans la France d'après-guerre*, Paris, La Découverte, 2013.

13 Stradling et Stradling, *Where the River Burned*, p. 19-24.

14 Jefferson Cowie, *Stayin' Alive, The 1970s and The Last Days of the Working Class*, New York, The New Press, 2012.

15 Jimmy Carter a fait référence à cette crise comme « the kind of *intercultural wound that is difficult to heal* » dans *The New York Times*, 5 mars 1989.

commentaires d'auteurs ou personnalités aussi connus qu'Harold Pinter, Anthony Burgess, Roald Dahl, Wole Soyinka, Conor Cruise O'Brien, Homi Bhabha, Michael Ignatieff, John Berger, sans oublier l'ex-président des États-Unis Jimmy Carter. Selon Talal Asad, « la mobilisation politique des immigrés musulmans souhaitant interdire *Les Versets sataniques* a suscité une réaction émotionnelle de la part des élites libérales complètement disproportionnée au regard des événements eux-mêmes », en comparaison à d'autres crises interethniques en Grande-Bretagne : les douzaines de meurtres racistes dans les années 1970 et 1980, les émeutes urbaines de Brixton en 1981, sans oublier celles de Broadwater Farm (Tottenham) et Handsworth (Birmingham) en 1985[16].

Comment expliquer la manifestation de Bradford, dont les images repassées en boucle sur les chaînes de télévision européennes ont des conséquences néfastes pour l'image des musulmans et celle de la ville de Bradford ? Il y a en réalité dans ce geste une démarche réfléchie, explicable par le silence médiatique presque complet autour de quelques manifestations de colère organisées jusqu'alors. Ainsi, à Bolton, le 2 décembre 1988, un rassemblement de 8 000 personnes, ordonné et très calme, n'a pas été relayé par les grands médias. C'est la raison pour laquelle le Bradford Council for Mosques décide que seule une action de type « coup de poing » connaîtrait un retentissement national[17]. Cette conclusion est aussi logique que désastreuse pour l'image d'une communauté, mais aussi d'une ville : de fait, dès le 15 janvier, les textes abondent sur la prétendue dérive fasciste des musulmans, directement évocatrice de la période nazie et de ses autodafés de livres.

Un mois exactement après l'autodafé de Bradford, la fatwa édictée par Khomeiny consolide définitivement, chez de nombreuses personnes, un rapprochement entre musulmans, archaïsme fascisant, folie meurtrière et antisémitisme. C'est ce que constate l'historien Humayun Ansari, pour qui les médias britanniques ont bel et bien *fabriqué* un soutien à la fatwa de Khomeiny alors qu'en réalité, une majorité de musulmans britanniques s'opposaient aussi violemment au livre de Rushdie qu'à la fatwa du vieux dictateur iranien, qui mourut peu après, le 3 juin 1989[18].

Au final, la décision prise par le Bradford Council for Mosques de brûler le livre illustre surtout une méconnaissance fort regrettable, chez les premières générations d'immigrés pakistanais qui dirigent cette structure, de la mémoire collective

16 Talal Asad, « Multiculturalism and British Identity in the Wake of the Rushdie Affair », *Politics and Society*, vol. 18, n° 4, décembre 1990, p. 462.

17 Sur tous ces points, voir Esteves, *De l'invisibilité à l'islamophobie*, *op. cit.*, p. 137-149.

18 Humayun Ansari, *The Infidel Within, Muslims in Britain since 1800*, Londres, Hurst & Company, 2004, p. 232-33. La fatwa lui a survécu.

britannique, où le combat contre l'ennemi nazi de 1939 à 1945 tient une place absolument centrale, Winston Churchill ayant qualifié cette période, dans une formule restée célèbre, de « plus belle heure de la Grande-Bretagne » (« *Britain's finest hour* »). En proie à un isolement économique lié au chômage de masse et à la désindustrialisation, la composante musulmane de la ville de Bradford découvre lors de cette crise toute l'étendue de son isolement politique, émotionnel et culturel du reste du pays. Depuis cet autodafé de Bradford, le multiculturalisme britannique, qu'il soit compris comme fait social ou comme politique publique, a très souvent été décrit comme traversant une « crise profonde »[19].

White Flight et ressentiment racial

La lecture du tableau démographique inclus plus haut montre un contraste très net entre une population de Cleveland qui a été presque divisée par 2,5 entre 1950 (915 000) et 2010 (396 000) et celle de Bradford, dont la taille s'est maintenue honorablement depuis l'après-guerre. Cette impression est trompeuse car, dans les deux villes, la fuite des blancs vers les banlieues résidentielles a été massive, avant même que s'amorce la désindustrialisation. Ce sont donc l'arrivée d'immigrés (principalement des musulmans du Cachemire pakistanais) et l'essor des minorités (par exemple des musulmans nés en Grande-Bretagne) qui ont permis à Bradford de ne pas se dépeupler. Ceci a profondément changé le visage et la réputation de la ville, avant, pendant et depuis la charnière historique de la crise des *Versets sataniques.*

Le moment populiste d'Enoch Powell vu de Bradford

Le 20 avril 1968, le député conservateur de Wolverhampton Enoch Powell prononce un discours violemment anti-immigrés, décliniste et alarmiste à Birmingham, que la mémoire collective britannique retiendra bientôt sous le nom de « discours des fleuves de sang » (« Rivers of Blood Speech »). Dans les deux semaines qui suivent cette performance rhétorique aux conséquences très durables sur le débat autour de l'immigration et de l'intégration, Powell reçoit près de 100 000 lettres, 90 % d'entre elles en soutien de sa campagne. L'afflux épistolaire provient de tout le pays, notamment d'endroits où sont implantées des communautés d'immigrés, comme Southall (ouest de Londres), Londres (Brixton, Tottenham), Birmingham, et bien sûr Bradford.

19 Sur les confusions entre les deux, voir Olivier Esteves et Romain Garbaye, *Le Multiculturalisme britannique au 21e siècle : enjeux, débats, politiques*, Paris, Presses de la Sorbonne Nouvelle, 2017.

Analyser certains de ces courriers permet de prendre conscience de la façon dont le retour de bâton (« *backlash* ») anti-immigrés, non seulement accompagne, mais également précède, la désindustrialisation. Au passage, on décèle dans ces lettres que, même si à la fin des années 1960, c'est le militantisme Sikh qui est érigé en problème d'ordre public par Powell, la perception d'une altérité culturelle radicale de l'islam – qui se manifeste à travers les appels à la prière, mais surtout l'abattage rituel des animaux et une polygamie perçue comme généralisée – dessine les contours d'une islamophobie embryonnaire[20]. Il faudra encore trois décennies avant que le Runnymede Trust, *think tank* créé précisément en mai 1968 pour offrir une riposte statistique aux discours de Powell, ne parvienne à imposer le terme « *Islamophobia* » dans le débat public avec la publication du rapport *Islamophobia : A Challenge for Us All* (1997).

Les courriers de Bradford font apparaître que le nombre des immigrés, leur hygiène douteuse et leur culture sont incompatibles avec ce que l'on appelait alors « l'harmonie raciale » (*racial harmony*) appelée de leurs vœux par les élites politiques, notamment travaillistes. Un résident avance ainsi : « Tous ceux qui s'opposent à vous, on devrait les envoyer à Bradford. Ils changeraient vite d'avis et se rangeraient derrière vous »[21]. D'autres s'opposent à ce qu'ils perçoivent comme l'injonction gouvernementale à la multiracialité, laquelle ne peut fleurir qu'au détriment des classes ouvrières. Un homme se définissant comme « conservateur depuis toujours » écrit : « Des milliers et des milliers de Bradfordiens vous soutiennent. Une société multiraciale et ouvrière ne débouchera que sur du ressentiment »[22]. D'autres exposent une vision méritocratique des classes ouvrières dont les immigrés, perçus comme des personnes assistées, ne peuvent qu'être exclus, à l'image de ce qui a pu être analysé aux États-Unis par Michelle Lamont ou plus récemment Justin Gest : « Vous avez parlé pour la classe ouvrière née ici. Par 'classe ouvrière', je veux dire des citoyens qui gagnent leur vie pour subvenir à leurs besoins et à ceux de leur famille »[23]. Le chômage massif provoqué par la fermeture des grandes filatures comme Lister Mills[24] cristallise plus encore la vision d'immigrés et de minorités ethniques comme un groupe d'assistés,

20 Notamment à travers la volonté de certains Sikhs de porter le turban sur leur lieu de travail, principalement dans les transports publics (Bristol, Wolverhampton, Londres).

21 Staffordshire Record Office [SRO], Powell Papers [PP], Letters in Support to Enoch Powell, D3123/60.

22 « *Multiracial* » est toujours utilisé alors, l'adjectif « *multicultural* » n'émergeant que dans les années 1970. SRO, PP, D3123/56.

23 SRO, PP, D3123/65 ; Michelle Lamont, *The Dignity of Working Men : Morality and the Boundaries of Race, Class and Immigration*, Cambridge (Mass.), Harvard University Press/Sage, 2002 [2e éd.]; Justin Gest, *The New Minority : White Working Class Politics in an Age of Immigration and Diversity*, Oxford et New York, Oxford University Press, 2016.

24 Au début du XXe siècle, Bradford disposait de près de 300 manufactures textiles.

dont l'immigration elle-même était au départ mue par la volonté de profiter d'un système dont la générosité est vue comme grotesque ou suicidaire pour la nation.

D'autres personnes attachées à Bradford font savoir à Powell que leur ville est devenue méconnaissable. Ainsi, une femme née dans la capitale textile du West Yorkshire mais vivant depuis longtemps à Dublin confie : « On m'a dit que, si je devais retourner dans ma ville natale, je ne verrais presque aucun visage blanc car Bradford est devenue majoritairement noire »[25]. Certains stigmatisent le manque d'hygiène et l'absence de respectabilité ouvrière chez des Pakistanais dont la priorité immédiate, à l'époque, est d'accumuler un maximum de capital en un minimum de temps avant un retour au pays. Une femme du quartier multiethnique de Manningham raconte ainsi : « J'habite à côté de chez eux et ils n'ont pas lavé de fenêtre depuis leur arrivée à la Noël. La maison juste en face, c'est inimaginable à quel point elle est crasseuse [*the last word in filth*]. Je pense que ces maisons n'ont pas été lavées depuis trois ans ». Une autre femme se présente comme la grand-mère d'une jeune fille « qui va à l'école où un des enfants immigrés a la tuberculose, ce qui ne fait pas vraiment rêver »[26]. Bradford a en effet souffert en 1962 d'une épidémie de variole, liée à l'arrivée d'immigrés pakistanais, ce qui lui valut quelques unes de journaux nationaux titrant sur le thème de « Bradford : City of Fear »[27]. Enfin, on l'a dit, certains courriers pointent directement du doigt l'incompatibilité culturelle de l'islam avec le mode de vie « occidental », sans pour autant mobiliser les termes repoussoirs qui égrènent le discours islamophobe contemporain (*fatwa*, *sharia*, *jihad*, ou *parallel lives*). Un couple ayant récemment déménagé dans la ville industrielle voisine d'Halifax raconte : « Au bout de la rue où nous vivions, il y a une mosquée et nous étions réveillés à toutes les heures de la nuit et au petit matin par les leaders religieux qui criaient à la prière »[28]. Un autre couple vivant désormais dans la ville thermale de Knaresborough, dans le North Yorkshire, se contente d'écrire à Powell le message suivant : « Deux ex-Bradfordiens vous apportent un soutien à 100 % »[29]. Bien que laconique, ce message illustre de manière édifiante le phénomène de fuite des blancs vers les banlieues résidentielles

Depuis les années 1960 donc, et plus encore depuis la crise des *Versets sataniques*, Bradford incarne non seulement cette cité postindustrielle qui souffre

25 SRO, PP, D3123/90. Il n'est pas rare, à la fin des années 1960, de désigner les immigrés du sous-continent indien comme « noirs » (« Blacks »).

26 SRO, PP, D3123/167.

27 Olivier Esteves, *The 'Desegregation' of English Schools : Bussing, Race and Urban Space (1960s-1980s)*, Manchester, Manchester University Press, 2018, p. 72-74.

28 SRO, PP, D3123/93.

29 SRO, PP, D3123/140.

d'une dépendance structurelle d'aide extérieure pour se relever économiquement, mais aussi une ville où un groupe musulman sans cesse plus important vit enkysté dans les ruines des filatures, dont certaines sont devenues des lofts vendus à vil prix. Un lieu enfin qui abrite plus de 80 mosquées officiellement enregistrées, dont la nouveauté, la taille et la rutilance contrastent avec le nombre des friches industrielles, et suscitent des polémiques sur l'origine des fonds mobilisés pour leur construction. Selon le recensement de 2001, Bradford compte 75 200 musulmans (soit 16,1 % de la population), contre 129 000 (24,7 % de la population) dix années plus tard. Les années 1995 et surtout 2001 sont émaillées de graves violences urbaines. En 2001, de jeunes Britanniques d'origine pakistanaise répondent aux provocations d'activistes isolés du British National Party, et les dégâts sont considérables. Plus récemment, la sphère médiatique s'empare à nouveau de la réputation de la ville, lorsque Channel Four lance, en 2012, l'émission *Make Bradford British,* comme en écho aux sobriquets de *Bradistan* ou *Pakiford* entendus depuis les années 1980[30]. Si le contenu de ce qui est présenté de façon mensongère comme un « documentaire » est certes bien moins caricatural que son seul titre, l'émission confirme aux yeux d'une partie de l'opinion publique l'apparente légitimité des thèses du « grand remplacement », qui commence à l'échelon local avec Blackburn, certains quartiers de Birmingham ou de Londres, mais surtout avec Bradford.

La transition raciale à Cleveland

Des historiens comme Thomas Sugrue dans son analyse de Detroit font remonter les origines de la crise urbaine à la Seconde Guerre mondiale, qui voit s'opposer soldats noirs et soldats blancs autour de soifs de liberté complètement incompatibles à mesure qu'approche la fin du conflit[31]. De l'autre côté du lac Érié, à Cleveland, ces prétentions inconciliables avec une liberté ségréguée pour les blancs et une liberté déségréguée pour les noirs prennent pour théâtre d'affrontement un parc d'attraction, Euclid Beach Park. Le 23 août 1946 le parc est le théâtre d'échauffourées, qui au regard des standards américains en matière de violence urbaines ne peuvent sérieusement être qualifiées d'« émeutes ». Celles-ci font suite à des manifestations appelant à la déségrégation de ce lieu très populaire au nord-est de la ville, propriété de la famille Humphrey ayant fait fortune dans la vente de

30 Voir la bande annonce de l'émission sur : https://www.youtube.com/watch?v=MPomWswPP9A

31 Voir par exemple le contraste entre le courrier d'un administré blanc (Michael Harbulak) envoyé à la mairie de Detroit, et celui d'un administré noir (Charles Johnson) à la même mairie, envoyé au même moment. Thomas Sugrue, *The Origins of the Urban Crisis : Race and Inequality in Post-War Detroit*, Princeton, Princeton University Press, 1996, p. 57-9.

pop-corn[32]. Une foule de manifestants noirs (soutenus par des femmes blanches) arborent des banderoles avec notamment pour slogan : « We Went to Normandy Beach Together : Why not Euclid Beach ? »[33]. Un policier noir est roué de coups, le parc d'attraction étant surveillé par sa propre police privée, qui veille à préserver la quiétude ségréguée des blancs et interdit la consommation d'alcool[34]. À la fin des premières manifestations, la direction réaffirme sa politique consistant à « interdire aux noirs l'accès à la plage, à l'espace de skate-board et à la piste de dance » avant, quelques mois plus tard, d'essayer de disqualifier les mobilisations anti-ségrégationnistes en leur imposant une grille de lecture anti-communiste[35]. En 1947 et dans les années qui suivent, le militantisme anti-ségrégation s'en prend de nouveau aux propriétaires du parc, en ciblant plus particulièrement les *dance-floors* et il est demandé à la mairie de la ville de ne pas renouveler la licence de l'entreprise Humphrey si aucun changement ne voit le jour[36].

Finalement, face à la baisse de ses revenus liée à la fuite en banlieues résidentielles, à la hausse des taxes foncières et à de nouvelles habitudes de consommation, le parc décide de fermer définitivement ses portes en 1969. Il s'agit bien là d'un type spécifique de désindustrialisation, l'industrie des loisirs ayant périclité ailleurs dans le pays suite à l'introduction de politiques de déségrégation, en particulier à Atlantic City[37]. Comme d'autres formes de désindustrialisation, celle-ci génère également la nostalgie, celle de ces espaces ludiques et ségrégués qui s'exprime à travers la mise en cause de « tensions raciales » et de l'afflux d'« indésirables » ayant fait fuir les « habitués [blancs] qui eux ont de l'argent à dépenser », occultant la complexité et la multiplicité des causes structurelles ayant mené à leur fermeture[38]. On notera enfin qu'Euclid Beach Park, comme les aciéries locales, a suivi une évolution passant d'abord par une pénible déségrégation avant d'être fermé définitivement. Les noirs en conçoivent le sentiment d'une victoire à la Pyrrhus, dont les fruits sont éphémères, les blancs le sentiment d'avoir été perdants deux fois de suite.

32 Sur les origines de cet espace ludique vanté comme propre, moral, sûr pour les familles (et donc ségrégué malgré la législation locale), voir Victoria W. Wolcott, *Race, Riots, and Roller Coasters : The Struggle over Segregated Recreation in America*, Philadelphia, University of Pennsylvania Press, 2012, p. 19-20.

33 *Cleveland Call and Post*, « We Went to .... », 4 août 1946 ; le *Cleveland Call and Post* est un hebdomadaire afro-américain important, le *Cleveland Post* un journal hebdomadaire généraliste, comme le *Cleveland Plain Dealer*.

34 *Cleveland Call and Post*, « Beaten at Euclid Beach Park », 11 août 1946.

35 *Cleveland Post*, « Pickets Charge Discrimination at Euclid Beach », 24 août 1946; *Cleveland Post*, « Communists Blamed by Euclid Beach Park », 2 octobre 1946.

36 *Cleveland Post*, « Park Guard Accused of Dance Floor Ban », 18 mars 1947 ; *Cleveland Post*, « Officials Deliberating on Beach Dance Issue », 14 mai 1947.

37 Voir le chapitre de Bryant Simon dans Cowie et Heathcott, *Beyond the Ruins*, p. 64-87.

38 Victoria W. Wolcott, *Race, Riots, and Roller Coasters*, p. 221.

La déségrégation scolaire

Ce type de sentiment fut porté au centuple lors de centaines de controverses locales autour de l'éventuelle introduction du *busing* pour déségréguer l'offre scolaire aux États-Unis. Comme l'avance Matthew Delmont dans ce qui est la seule monographie analysant cette question dans un cadre local (Boston, Chicago, New York, Pontiac dans le Michigan) mais aussi national, le *busing* a souvent été instrumentalisé comme une « question bidon » (*phoney issue*) permettant d'empêcher coûte que coûte la déségrégation scolaire et de pérenniser les inégalités de financement entre écoles blanches et noires. En effet, beaucoup de noirs par exemple ne souhaitent ni la déségrégation ni le *busing*. Ils militent pour le droit à une éducation digne de ce nom, et égale en qualité à celle proposée aux blancs[39]. De leur côté, ces derniers brandissent le principe de l'école de quartier (*neighborhood school*) alors même que près de la moitié des écoliers blancs, dans les années 1970, prennent déjà un bus pour se rendre à l'école. D'où le slogan de certains militants noirs : « *It's not the bus, it's us !* »[40]. Une militante noire de Cleveland, lors d'auditions sur le *busing* dans la ville, lance quant à elle un « *I have said time and again : Bus the money, honey !* »[41].

Le journal *Cleveland Call and Post* appelle à l'introduction d'une dose raisonnable de *busing* pour promouvoir l'intégration (au sens américain de « déségrégation ») de l'offre scolaire[42]. Dans le même temps, les leaders noirs locaux sont conscients que la question scolaire s'inscrit elle-même dans la question plus globale de la ségrégation résidentielle[43]. Le juge fédéral Frank Battisti, qui deviendra un acteur central dans les débats sur et l'introduction finale du *busing* en 1979, ordonne en 1972 que soit mis en place un projet de logement public dans les quartiers ouest de la ville, avançant au passage que « Cleveland est la deuxième ville la plus ségréguée du pays »[44]. Il revient à la charge en 1980 en ciblant plus spécifiquement la banlieue résidentielle de Parma, toujours à l'ouest de la ville[45].

39 Sur la promotion de ce point de vue chez les Noirs de Cleveland, voir *Cleveland Call and Post*, « The Busing Bugaboo », 18 septembre 1971 ; *The Cleveland Call and Post*, « Busing : A Last Resort », 16 août 1975.

40 Sur tous ces points, voir Matthew Delmont, *Why Busing Failed : Race, Media, and the National Resistance to School Desegregation*, Berkeley et Los Angeles, University of California Press, 2016.

41 Cité dans Olivier Esteves, *The « Desegregation », op.cit.*, p. 3.

42 *Cleveland Call and Post*, « For Immediate Action », 25 février 1967.

43 Voir par exemple, *Cleveland Call and Post*, « Down the Big Road : Open Housing and De Facto Segregation », 23 septembre 1967.

44 *Cleveland Call and Post*, « A Landmark Decision », 13 mai 1972.

45 *The Wall Street Journal*, « Sweeping Anti-Discrimination Program Ordered by Judge for Cleveland Suburb », 5 décembre 1980.

À Cleveland comme ailleurs, les autorités scolaires locales (*School Board*) ont besoin, si elles veulent être réélues, de déployer des stratégies rhétoriques et politiques complexes pour rassurer les familles blanches et calmer les revendications noires. Celles-ci prennent souvent la forme de manœuvres dilatoires complexes. Si certains progrès notables sont accomplis – en 1972, près de 40 % des enseignants de toute la ville sont noirs –, il reste que, pour l'année 1970 par exemple, 90,9 % des élèves noirs fréquentent des établissements noirs à plus de 80 % selon un rapport national du Department of Health, Education and Welfare (HEW), une proportion qui augmente pour atteindre 91,9 % à l'automne 1971[46]. Cette évolution est largement imputable à la fuite des blancs en banlieues résidentielles, lesquelles sont bientôt protégées des menaces de *busing* par l'arrêt très controversé de la Cour suprême *Milliken v. Bradley* (1974)[47]. De manière générale, pendant les années 1970 et les controverses autour du *busing*, le nombre d'inscrits dans les écoles des grandes villes a tendance à baisser, le nombre et la proportion d'élèves noirs à augmenter, parfois sensiblement. En 1972, une étude de 76 grandes villes du U.S. Office for Civil Rights compte Cleveland parmi les 12 grandes villes dont la majorité des élèves est noire[48].

Chez les blancs qui ont choisi ou sont contraints de demeurer à l'intérieur de la ville, les politiques de déségrégation scolaire exacerbent l'impression de vivre en état de siège (*siege mentality*). En 1964, une politique consistant à mélanger pendant 40 minutes par jour 20 % des élèves inclus dans les projets de déségrégation (*busing*) suscite l'ire des Italo-Américains de *Little Italy*. En janvier de cette année-là, quelque 1 400 d'entre eux s'opposent physiquement à la mise en place de l'intégration scolaire et prônent l'auto-défense en se munissant d'armes, de battes de base-ball et de couteaux[49]. Ces personnes se considèrent comme une majorité silencieuse, ou plutôt majorité à qui on impose le silence (*silenced majority*), pour reprendre l'expression de Justin Gest. On est donc face à une majorité de « white ethnics » sociologiquement, politiquement et ethniquement

46 *Cleveland Call and Post*, « The Briggs Alternative », 5 février 1972; *Cleveland Call and Post*, « Supreme Court Following Up School Integration Decision », 3 juillet 1971; *Cleveland Call and Post*, « Richmond Decision May Doom School Segregation », 22 janvier 1972.

47 Matthew Delmont, *Why Busing Failed*, p. 118, 140, 153. S'appliquant au départ à Detroit, l'arrêt *Milliken*, qui est voté à une courte majorité de 5 contre 4, limite les possibilités de *busing* aux zones intra-urbaines et non pas périurbaines, et donc fait porter le poids de la ségrégation sur les catégories blanches les moins aisées.

48 *The Washington Post*, « Schools Integrate, Whites Flee Cities », 16 janvier 1972. Les onze autres grandes villes sont Atlanta (Géorgie), Compton (Californie), Detroit (Michigan), Gary (Indiana), Kansas City (Missouri), Newark (New Jersey), New Orleans (Louisiane), Oakland (Californie), Richmond (Virginie), Saint Louis (Missouri) et Washington D.C.

49 Leonard N. Moore, « The School Desegregation Crisis in Cleveland (Ohio), 1963-4, The Catalyst for Black Political Power in a Northern City », *Journal of Urban History*, vol. 28, n° 2, 2002, p. 144-46.

très différente des juges qui imposent les décisions en matière de déségrégation scolaire. Une « majorité » dont la fragilisation s'accroît au fur et à mesure que la crise urbaine menace leur mode de vie, et que la désindustrialisation qui lui est concomitante menace leurs emplois.

La déségrégation des industries

Comme l'a très bien montré Judith Stein, la déségrégation des aciéries doit être considérée à l'aune de la désindustrialisation elle-même et à l'aune des grandes décisions internationales en matière de libéralisation du commerce, bientôt accélérée par les politiques reaganiennes et thatchériennes. Cette donnée est rendue plus complexe encore par la perte de vitesse économique des Grands Lacs au bénéfice d'une partie du sud et de l'ouest, où se concentrent des investissements fédéraux colossaux, notamment en matière d'armement. Il n'est guère étonnant, dans ce contexte, que le nombre d'emplois à Cleveland passe de 354 000 en 1948, à 305 600 en 1958, puis à 283 200 en 1967. Le nombre des emplois créés, notamment dans les services, ne compense aucunement celui des emplois industriels perdus[50].

La déségrégation est d'autant plus urgente dans les villes du nord que le taux de chômage des noirs y est élevé, et qu'un certain nombre d'emplois leur sont tacitement interdits : Detroit (11,6 %), St Louis (12 %), Newark (12 %), Cleveland (15 %), Pittsburgh (16 %) pour 1965[51]. Les données sur le chômage des jeunes noirs sont de l'ordre de 10 % supérieures, et encore davantage dans les zones les plus sinistrées, à l'instar du quartier de Hough à Cleveland, qualifié de « ghetto en crise (« *crisis ghetto* ») par l'administration Johnson[52]. Ce dernier, d'ailleurs, est le lieu d'une émeute violente en juillet 1966, qui fait quatre morts. Hough avait dû accueillir, au début des années 1960, près de 1 200 familles venues surtout du sud dans un contexte de pénuries d'emplois[53].

En 1967, les premiers effets de la déségrégation industrielle impulsée au niveau fédéral sous la pression de multiples procès intentés par des associations finissent par se matérialiser à Cleveland, plus d'un an après les émeutes de Hough. Ainsi, en octobre, la section 17 du syndicat des métallurgistes de Cleveland intègre 35 nouvelles recrues, parmi lesquels 9 noirs, ce qui est salué par la presse nationale. À l'image du *Philadelphia Plan*[54], cette initiative a pour

50 Judith Stein, *Running Steel, Running America : Race, Economic Policy, and the Decline of Liberalism*, Chapel Hill, University of North Carolina Press 1998, p. 125.

51 *Ibid.*, p. 122.

52 Voir Stradling et Stradling, *Where the River Burned*, p. 52-54.

53 Judith Stein, *Running Steel*, p. 123.

54 En 1969, le secrétaire au Travail George Shultz impulse un plan d'« action affirmative » pour les emplois qualifiés des travaux publics dans quelques villes, comme Philadelphie, Boston, Chicago,

objectif de déségréguer les emplois d'ouvriers qualifiés dans les chantiers fédéraux, tels ceux d'électricien, de plombier, de charpentier, etc. Pour ce faire, la pression fédérale est mise sur des syndicats souvent réticents en conditionnant le déblocage de fonds fédéraux pour la reconstruction d'écoles, d'hôpitaux et d'infrastructures publiques diverses à une politique de discrimination positive dans le domaine du recrutement. Ainsi, dans l'Ohio en 1967, quelque 83 millions de dollars de financement fédéral sont utilisés comme argument de négociation afin de contraindre à la déségrégation. L'Office of Federal Contract Compliance décide de concentrer ses efforts nationaux sur le nord-ouest de l'Ohio, c'est-à-dire la région de Cleveland[55].

Y voyant une discrimination à l'envers (*reverse discrimination*), expression banalisée localement dès l'introduction des politiques d'*affirmative action*, des syndicats dénoncent cette interférence fédérale. Malgré le volontarisme de l'administration Johnson, bientôt exacerbé par l'assassinat de Martin Luther King, ces politiques n'ont qu'un effet très limité sur l'emploi des noirs, quelques années avant l'accélération de la désindustrialisation, notamment dans les aciéries. Même l'ambition apparente de la déségrégation impulsée par Washington (incarnée par le *Revised Philadelphia Plan* de Nixon) ne résiste pas à une froide analyse des faits : le montant des contrats de construction fédéraux chute de 75 % un an et demi seulement après l'arrivée au pouvoir de Nixon[56]. De toute façon, ces politiques ciblent les contrats publics, les industries du secteur privé étant soit invitées à imiter les bonnes pratiques instaurées dans les contrats fédéraux, soit contraintes de le faire sous l'effet de procès retentissants, longs et éreintants intentés par les associations noires, comme à Lackawanna (Buffalo), Sparrows Point (Baltimore) ou U.S. Steel (Birmingham)[57].

Conclusion

Dans certaines photos qui cultivent la nostalgie de l'âge d'or industriel de Cleveland, on voit la grille en fer forgé d'Euclid Beach Park ornée d'un logo annonçant fièrement « 7th City » (« la septième ville »). La ville, en termes de population, est ainsi passée du 7e rang en 1950 au 51e en 2018, un destin à la

Pittsburgh. Voir Jill Quadagno, *The Color of Welfare : How Racism Undermined the War on Poverty*, New York, Oxford University Press, 1995, p. 79-80.

55 Sur tous ces points, voir *The Wall Street Journal*, « Battling Union Bias : Building Trades Feel New Pressure to Admit Negroes as Apprentices », 16 octobre 1967.

56 Stein, *Running Steel*, p. 151.

57 *Ibid.*, p. 121-146.

Detroit, laquelle est passée de la 5e à la 23e place entre 1950 et 2018[58]. Ce n'est pas un hasard si les deux villes ont été pendant des décennies celles où la part des emplois industriels était de loin la plus grande sur le marché du travail local. On n'oubliera pas non plus que, comme l'a noté A. K. Sandoval-Strausz, le déclin urbain de certains quartiers a été ralenti, voire a débouché sur une vraie régénération démographique, grâce à l'apport latino[59]. Ce qui vaut pour des quartiers de Dallas (Oak Cliff), de Chicago (Pilsen) ou New York (North Corona dans le Queens) ou bien des zones de Miami est également applicable à Cleveland, où ce n'est pas un hasard si Clark-Fulton est désormais la zone la plus densément peuplée de la ville, elle qui abrite une large communauté de Latinos. De son côté, on a vu que l'anglaise Bradford doit son maintien démographique à l'apport immigré et à l'enclavement ethnique des poches musulmanes de plusieurs quartiers autour du centre-ville, sans oublier l'apport plus récent, depuis 2004, d'immigrés d'Europe centrale et de l'Est. D'une certaine manière donc, il importe de lier les débats sur la désindustrialisation et sur la régénération urbaine aux débats sur la « super-diversité »[60].

Pour les deux villes, et comme l'a souligné de manière générale Jason Hackworth, ce serait par ailleurs une erreur de *naturaliser* le déclin, en embrassant une vision cyclique de l'économie qui repose sur la « destruction créatrice », souvent corollaire d'une vision qui naturalise le marché en empruntant à la « main invisible » d'Adam Smith[61]. Ces déclins sont la résultante de choix opérés au niveau macro, tant politiques qu'économiques, que micro, tant individuels que collectifs : il est en effet impossible d'analyser ces déclins sans prendre en compte les paramètres des politiques économiques au niveau global, et, au niveau local, les choix familiaux et individuels qui vident le cœur des villes, fortement liés à des paramètres ethno-raciaux qui sont eux-mêmes exacerbés par des politiques d'accès à la propriété certes officiellement aveugles à la couleur, non seulement aux États-Unis mais aussi en Grande-Bretagne. Malgré les multiples spécificités locales qu'on a notées ici entre Cleveland et Bradford, force est de constater (comme a pu le faire l'historienne Tracy Neumann dans son analyse de l'entremêlement complexe des niveaux micro-, meso- et macro- liés à la régénération de la *Rust-Belt*) qu'à Bradford, Cleveland – mais aussi Roubaix, Rochdale, ou Flint – les politiques locales et les élites économiques adoptent

58 La composition raciale des deux villes est néanmoins différente : Detroit est noire à 82 %, Cleveland à 50,4 % pour 2018.

59 A. K. Sandoval-Strausz, « Latino Landscapes : Post-War Cities and the Trans-National Origins of New Urban America », *The Journal of American History*, vol. 101, n° 3, 2014, p. 804-06.

60 Voir Steven Vertovec, « Super Diversity and its implications », *Ethnic and Racial Studies*, vol. 30, n° 6, 2007, p. 1024-1054.

61 Jason Hackworth, « Urban Decline Is Not Natural », *Metropolitics*, 11 avril 2017.

des modèles analogues de revitalisation urbaine, répondent à des injonctions nationales ou internationales similaires, et font appel à des mêmes cabinets de consultants en matière de régénération de l'habitat et des commerces[62], après avoir opéré des choix comparables en matière de rénovation urbaine pendant les décennies de prospérité : densification des réseaux autoroutiers, extension géographiques des banlieues (*urban sprawl*), promotion nationale d'un modèle reposant sur la propriété. Il n'y a donc pas d'exceptionnalité industrielle puis post-industrielle mais bien un réseau transnational de politiques et de débats locaux, qui dépassent les cadres traditionnels de pensée du politique, du social et de l'urbain, et transcendent les frontières nationales, par-delà les discours sur l'exceptionnalité française, ou britannique, ou étatsunienne.

☑

Bibliographie sélective

Presse

The Cleveland Call and Post

The Cleveland Post

The New York Times

The Wall Street Journal

The Washington Post

Sources primaires

Cleveland State University, Michael Schwartz Library, Special Collections, Press-cuttings on Euclid Beach Park riot (1946).

Cleveland State University, Michael Schwartz Library, Cleveland Call & Post, Cleveland Post, Cleveland Plain Dealer digital archives.

Staffordshire Record Office (Stafford, Royaume-Uni), Powell Collections, Letters in support to Enoch Powell (D3123/56; D3123/60; D3123/65; D3123/90; D3123/93; D3123/140; D3123/167).

Sources secondaires

ANSARI, Humayun, *The Infidel Within, Muslims in Britain since 1800*, Londres, Hurst & Company, 2004.

ASAD, Talal, « Multiculturalism and British Identity in the Wake of the Rushdie Affair », *Politics and Society*, vol. 18, n° 4, décembre 1990, p. 455-480.

BLUESTONE, Barry et HARRISON, Bennett, *The Deindustrialization of America, Plant Closings, Community Abandonment, and the Dismantling of Basic Industry*, New York, Basic Books, 1982.

62 Tracy Neumann, *Remaking the Rust-Belt : The Post-Industrial Transformation of North America*, Philadelphia, University of Pennsylvania Press, 2016.

COWIE, Jefferson, *Stayin' Alive, The 1970s and The Last Days of the Working Class*, New York, The New Press, 2012.

DUNEIER, Mitchell, *Ghetto* : *The Invention of a Place, The History of an Idea*, New York, Farrar, Strauss & Giroux, 2016.

ESTEVES, Olivier, *The 'Desegregation' of English Schools : Bussing, Race and Urban Space (1960s-1980s)*, Manchester, Manchester University Press, 2018.

ESTEVES, Olivier, *De l'invisibilité à l'islamophobie : les musulmans britanniques (1945-2010)*, Paris, Presses de Sciences-Po, 2011.

FINNEY, Nissa et SIMPSON, Ludi, *Sleepwalking to Segregation ? Challenging Myths about Race and Migration*, Bristol, Policy Press, 2009.

GEST, Justin, *The New Minority : White Working-Class Politics in an Age of Immigration and Inequality*, Oxford, Oxford University Press, 2016.

HEATHCOTT, Joseph et COWIE, Jefferson, dir., *Beyond The Ruins : The Meanings of Deindustrialization*, Ithaca, Cornell University Press, 2003.

MOORE, Leonard N., « The School Desegregation Crisis in Cleveland, Ohio (1963-4) : The Catalyst for Black Political Power in a Northern City », *Journal of Urban History*, vol. 28, n° 2, 2002, p. 135-157.

NEUMANN Tracy, *Remaking the Rust-Belt : The Post-Industrial Transformation of North America*, Philadelphia, University of Pennsylvania Press, 2016.

RENÉ, Émilie, « 'L'affaire Rushdie' : protestation mondiale et communauté d'interprétations », *Cahiers du C.E.R.I*, 1997, p. 3-54.

SANDOVAL-STRAUSZ, A. K., « Latino Landscapes : Postwar Cities and the Transnational Origins of a New Urban America », *Journal of American History*, vol. 101, n° 3, 2014, p. 804-831.

STEIN, Judith, *Running Steel, Running America : Race, Economic Policy, and the Decline of Liberalism*, Chapel Hill, University of North Carolina Press, 1998.

STRADLING, David et STRADLING, Richard, *Where the River Burned : Carl Stokes and the Struggle to Save Cleveland*, Ithaca, Cornell University Press, 2015.

Quand des leaders populistes utilisent les organisations internationales à leur avantage : le cas de Donald Trump et des dirigeants d'Alternative für Deutschland

Pierre Baudry*

Résumé

Nous voulons montrer comment les leaders populistes utilisent les organisations internationales à leur avantage personnel et pour défendre les intérêts de leur pays. Nous partons pour cela d'une comparaison entre Donald Trump et des dirigeants d'Alternative für Deutschland, Bernd Lucke, Beatrix von Storch, Jörg Meuthen. Tous utilisent les organisations internationales comme un levier pour faire entendre leur message et poursuivre une stratégie électoraliste. Mais l'action de Trump repose sur ses pouvoirs en tant que chef de l'exécutif du pays le plus puissant du monde et sur sa capacité à intervenir directement à l'ONU, au sein de l'OTAN et sur l'OMC, tandis que les leaders de l'AfD doivent passer par les contraintes du travail parlementaire au Parlement européen et tenter de nouer des alliances avec d'autres partis populistes. Leurs possibilités d'action restent cependant limitées et prennent souvent des aspects destructifs plus que constructifs.

Introduction

La recherche sur le populisme a souvent insisté sur les peurs que génère la mondialisation, dont l'immigration et les délocalisations sont les plus importantes[1]. Le rejet de la gouvernance supranationale est central dans les discours des leaders populistes aux États-Unis comme en Europe. Hostiles à la

* Pierre Baudry est agrégé d'allemand. Il a obtenu son M.A. à Heidelberg (Allemagne) et il travaille sur la démocratie-chrétienne allemande sous Angela Merkel à l'EPHE/CNRS. Il s'intéresse aussi de manière comparatiste aux partis politiques en Europe de l'Ouest et aux États-Unis. Il a publié plusieurs articles et des recensions dans des revues à comité de lecture (*Revue d'Allemagne et des pays de langue allemande, Revue française de science politique*) et travaille à un chapitre pour le *Bloomsbury Handbook on Religion and Migration* à paraître en 2021

1 Cas Mudde, « The Study of Populist Radical Right Parties: Towards a Fourth Wave », The study of populist radical: Centre for Research on Extremism, the Extreme Right, Hate Crime, and Political Violence, University of Oslo, septembre 2016, p. 8-9.

souveraineté du peuple, cause du déclin de l'État, favorables aux « élites », les institutions internationales sont clouées au pilori par les discours populistes qui prospèrent des deux côtés de l'Atlantique.

Dans ce qui suit, nous voulons prendre le contrepied de cette opinion en montrant que les leaders populistes cherchent à utiliser les organisations internationales à leur avantage personnel et pour défendre ce qu'ils croient être les intérêts de leur pays. La gouvernance internationale offre aux leaders populistes un répertoire d'actions dont ils peuvent s'emparer[2]. Les questions que nous voulons explorer sont les suivantes. Pourquoi les leaders populistes utilisent-ils les organisations internationales et quels avantages en attendent-ils ? Comment les leaders populistes s'emparent-ils des institutions internationales ? Et parviennent-ils à leur fin ou bien leur action demeure-t-elle sans effet réel ?

Les leaders populistes doivent se soumettre à un cadre institutionnel et politique qui les limite : parfois élus sur une base électorale fragile ou marginalisés politiquement par rapport aux élites politiques traditionnelles, ils doivent se soumettre à des mécanismes de *checks-and-balances* et de compromis partisans peu propices à leur politique volontariste de rupture et hostile aux « élites ». Or, notre hypothèse est que les organisations internationales fournissent des options politiques à ces acteurs pour sortir de leur isolement, obtenir une visibilité internationale et avoir accès à des leviers de pouvoir qui leur seraient interdits sans cela. Le cœur de la stratégie des leaders populistes consiste alors à utiliser les organisations internationales à des fins de politique intérieure et électoraliste tout en se présentant comme les défenseurs de l'autonomie et des intérêts de leur pays. Cette double logique — électoraliste et souverainiste — caractéristique des leaders populistes s'inscrit néanmoins dans un ensemble de contraintes qui conditionnent les marges de manœuvre des leaders populistes.

Ils doivent de plus adapter leur stratégie en fonction de deux autres éléments : le rôle que leur pays joue dans les organisations internationales et les rapports de force mondiaux. La notion d'organisation internationale doit en effet être différenciée afin de déterminer les formes de politisation par les leaders populistes. Il faut souligner la différence entre les organisations internationales multilatérales gérées par une bureaucratie de hauts fonctionnaires internationaux (ONU, OMC), les parlements supranationaux (Parlement européen[3]), les organismes supranationaux de gouvernance (Commission européenne), les forums

....

2 Farrell Henry, Newman Abraham, « Brexit, Voice and Loyalty: Rethinking Electoral Politics in an Age of Interdependence », *Review of International Political Economy*, vol. 24, n° 2, 2017, p. 232-247.

3 Nous reviendrons sur le Parlement européen plus bas quand il sera question de l'AfD.

internationaux (G7, G20) et les tribunaux supranationaux (Cour de justice de l'Union européenne, Organe de règlement des différends de l'OMC, Tribunal de la Haye). Les organisations internationales peuvent être *politisées*, mais elles le sont différemment. Elles peuvent l'être par le choix du *personnel* dirigeant et qui correspond à la ligne politique de l'exécutif. Elles peuvent l'être au niveau des *propositions de loi et des normes internationales*, quand elles offrent des forums *d'expression* et le recours à des *décisions* venant de tribunaux internationaux. Elles peuvent reposer sur des menaces (refus de financer les organisations internationales, usage de l'extraterritorialité du dollar), le *rejet des traités internationaux* et *des rapports de force économiques ou militaires*. Nous examinerons ces différentes formes de politisation dans ce qui suit.

Nous voulons examiner cette hypothèse de manière comparatiste en partant des leaders populistes aux États-Unis et en Allemagne. Nous nous intéresserons à la stratégie politique de Donald Trump par rapport à l'ONU, à l'OMC et à l'OTAN et à celle des principaux dirigeants d'Alternative für Deutschland (AfD) au Parlement européen : Bernd Lucke, Beatrix von Storch, Jörg Meuthen. Cette étude porte sur la période 2014-2019, qui correspond au premier mandat politique européen de l'AfD. Ce cadrage chronologique permet d'intégrer également l'élection de Donald Trump à la présidence des États-Unis en novembre 2016 et les deux premières années de son mandat.

Les raisons de cette comparaison tiennent aux divergences dans la manière dont les leaders populistes s'emparent des institutions internationales. Une telle comparaison doit nous permettre de comprendre comment face à un problème identique — isolement relatif sur le plan interne, difficulté à mettre en place un discours radical, faiblesse électorale — les leaders populistes, Donald Trump et les leaders de l'AfD, tentent d'utiliser les organisations internationales selon des stratégies spécifiques. Trump s'appuie sur ses prérogatives comme chef de l'exécutif, son action personnelle dans les organisations internationales (nomination des hauts fonctionnaires, participation aux négociations internationales) et en usant de la capacité des États-Unis à mener des actions unilatérales en position de force. En revanche, la stratégie des leaders de l'AfD repose sur le travail parlementaire au Parlement européen, sur le contrôle des décisions prises par la Commission européenne et le Conseil européen, sur une logique de coalition avec d'autres dirigeants populistes européens, mais dans un contexte de dépendance de l'Allemagne par rapport à ses partenaires européens en raison de l'euro. Cette comparaison doit nous permettre de comprendre les différences de stratégie entre la grisaille du travail parlementaire des dirigeants de l'AfD au Parlement européen et le charisme tempétueux de Trump, commandant en chef des États-Unis.

Notre apport à la littérature est empirique et théorique. Sur le plan théorique, la recherche néglige généralement la politique étrangère des partis populistes ou bien elle la réduit à une stratégie purement opportuniste sans étudier les facteurs institutionnels et les rapports de force internationaux comme des ressources que les leaders populistes peuvent mobiliser[4]. Sur le plan empirique, les travaux sur la politique étrangère de Donald Trump abondent[5], mais peu abordent cette question dans la perspective comparatiste proposée ici[6]. En ce qui concerne l'AfD, les recherches portent principalement sur des questions bien étudiées comme la sociologie de son électorat[7], mais les études sur la stratégie de ce parti

4 Parmi les travaux qui vont dans ce sens voir : Daniel Drezner, « The Angry Populist as Foreign Policy Leader : Real Change or Just Hot Air », *The Fletcher Forum on World Affairs*, vol. 41, n° 2, été 2017 ; Christina S. Liang, « Europe for the Europeans: The Foreign and Security Policy of the Populist Radical Right », in Christina S. Liang, dir., *Europe for the Europeans: The Foreign and Security Policy of the Populist Radical Right*, Aldershot, Ashgate, 2007, p. 1-32. Dennison Susi et Pardijs Dina, *The World According to Europe's Insurgent Parties*, ECFR, juin 2016 ; *Questions Internationales*, « Populismes et nationalismes dans le monde », n° 83, janvier-février 2017.

5 Sur cette question, voir un des articles les plus systématiques : Ronald E. Powaski, « Donald Trump and "America First," 2017– », in *Ideals, Interests, and U.S. Foreign Policy from George H. W. Bush to Donald Trump*, Cham, Springer International Publishing, 2019, p. 233-273. Sur la politique économique comme levier de politique étrangère sous Donald Trump : Daniel W. Drezner, « Economic Statecraft in the Age of Trump », *The Washington Quarterly*, vol. 42, n° 3, juillet 2019, p. 7-24. Sur l'impact (négatif) de Donald Trump sur l'ordre libéral international créé par les États-Unis : Joseph S. Nye, « The Rise and Fall of American Hegemony from Wilson to Trump », *International Affairs*, vol. 95, n° 1, 2019, p. 63-80. Sur l'idéologie souverainiste de Trump et sur sa rhétorique : Aaron Ettinger, « Principled Realism and Populist Sovereignty in Trump's Foreign Policy », *Cambridge Review of International Affairs*, 2 septembre 2019, p.1-22 ; Jean-Christophe Boucher et Cameron Thies, « "I Am a Tariff Man": The Power of Populist Foreign Policy Rhetoric under President Trump », *The Journal of Politics*, vol. 81, n° 2, avril 2019, p. 712-722. Les interprétations de la politique étrangère trumpienne varient. Certains y voient un retour à l'attitude populiste et unilatéraliste du président Andrew Jackson : Michael Clarke et Anthony Ricketts, « Donald Trump and American Foreign Policy: The Return of the Jacksonian Tradition », *Comparative Strategy*, vol. 36, n° 4, 8 août 2017, p. 366-379 ; Reinhard Wolf, « Donald Trump's Status-Driven Foreign Policy », *Survival*, vol. 59, n ° 5, 3 septembre 2017, p. 99-116. D'autres considèrent que face au poids de la bureaucratie nationale américaine et internationale, peu de changements sont à attendre : Peter Dombrowski et Simon Reich, « Does Donald Trump Have a Grand Strategy? », *International Affairs*, vol. 93, n ° 5, septembre 2017, p. 1013-1037 ; Daniel W. Drezner, « Present at the Destruction: The Trump Administration and the Foreign Policy Bureaucracy », *The Journal of Politics*, vol. 81, n° 2, avril 2019, p. 723-730. Certains travaux avancent que la politique étrangère demeure sans effets réels majeurs : Jon Herbert, Trevor McCrisken, Andrew Wroe, « Introduction: The Ordinary Presidency of the Extraordinary Donald J. Trump », in *The Ordinary Presidency of Donald J. Trump*, Cham, Springer International Publishing, 2019, p. 1-12.

6 Parmi les rares travaux comparatistes, on citera : Todd Donovan et David Redlawsk, « Donald Trump and Right-Wing Populists in Comparative Perspective », *Journal of Elections, Public Opinion and Parties*, vol. 28, n° 2, 2018, p. 190207.

7 Sur cette question très bien étudiée voir Patrick Moreau, *L'autre Allemagne : le réveil de l'extrême droite*, Paris, Vendémiaire, 2017.

dans les organisations internationales y compris au sein du Parlement européen sont très rares[8].

Afin d'examiner notre hypothèse, nous exposerons dans un premier temps la première stratégie possible pour les leaders populistes dans les organisations internationales : il s'agit de celle de Donald Trump. Elle est fondée sur un pouvoir exécutif fort et sur une stratégie unilatéraliste pour démontrer le « charisme » du président. Puis, nous expliquerons la seconde stratégie ouverte aux leaders populistes à l'exemple de l'AfD au Parlement européen, fondée sur des alliances entre partis européens et la participation au travail des commissions, mais en privilégiant les prises de positions spectaculaires afin de frapper l'opinion publique allemande.

Donald Trump, un président fragile qui utilise les organisations internationales à des fins politiciennes

Un candidat mal élu, impopulaire et contesté au Congrès...

Les organisations internationales fournissent des options politiques aux leaders populistes pour sortir de leur isolement sur le plan national, donner de la visibilité à leur idéologie et pour avoir accès à des leviers de pouvoir au plan international. Nous voulons examiner cette hypothèse à partir de l'exemple de la stratégie de Donald Trump. Nous avançons que Trump est un président en situation de faiblesse relative au plan interne, ce qui l'amène à chercher des stratégies de sortie par le haut pour assurer sa survie politique dans une zone à hauts risques potentiels. Cette faiblesse s'exprime sous quatre formes fondamentales.

Faiblesse au sein de l'appareil partisan du Parti républicain tout d'abord. Il est élu candidat des républicains grâce aux primaires internes de 2016, mais en rupture par rapport au profil habituel du Parti républicain fondé sur les valeurs du libéralisme économique, du conservatisme moral et du patriotisme. Trump est appuyé pendant sa campagne des primaires par un mouvement radical au sein du camp conservateur – le Tea Party – qui avait certes aidé le Parti républicain à regagner la majorité à la Chambre des représentants en 2010, mais au

8 Les travaux sur ce thème sont rares et portent exceptionnellement sur l'activité parlementaire de l'AfD au Parlement européen. La seule étude systématique sur cette question est : Kartsen Grabow et alii, « « *Ich will die EU zerstören* »: EU-Gegner im 8. Europäischen Parlament ; eine Jahresbilanz », Sankt Augustin, Konrad-Adenauer-Stiftung, 2015. Voir aussi : Peter Rütters, « *„Parlamentsfähig "? – Die Abgeordneten der AfD in den Landtagen und Bürgerschaften* », *Parl Zeitschrift für Parlamentsfragen*, p.3-24, Jahrgang 48, Heft 1, 2017.

prix d'une réorientation droitière de sa ligne[9]. Quant à Steve Bannon, journaliste et militant de l'« *altright* » identitaire, il proclamait vouloir en finir avec le « néolibéralisme » du Parti républicain et orientait la ligne identitaire de la campagne de Trump loin de la ligne reaganienne traditionnelle[10]. Au sein d'un parti que Matthew Grossmann et David A. Hopkins qualifient de « républicains idéologisés » (« *ideological republicans* ») c'est-à-dire un parti fondé sur une idéologie forte et clivante, Donald Trump a remis en cause les codes des Républicains, au risque d'un isolement au sein de son propre camp, avant de parvenir à refaçonner peu à peu le parti en fonction de sa ligne politique[11].

La deuxième faiblesse dont souffre Trump est de nature démocratique. Il bénéficia certes d'une coalition constituée d'électeurs du Parti républicain à laquelle s'agrégèrent des électeurs ouvriers et précaires en voie de désaffiliation par rapport au Parti démocrate[12]. Cependant, Trump ne remporta pas le suffrage populaire. Quant à ses succès lors des élections de 2016 dans la *rust belt* traditionnellement démocrate, ils doivent être relativisés en raison de la forte abstention au sein du camp démocrate. Une fois arrivé au pouvoir, sa base électorale reste fidèle à Trump, certes avec des sondages favorables allant de 35 % à 46 %, mais dans un contexte d'impopularité importante avec 47 % à 60 % de la population désapprouvant son action[13].

La troisième forme de faiblesse de Donald Trump est de nature institutionnelle et tient aux tensions entre le Congrès, le président et la justice américaine. Les épisodes les plus marquants de cette lutte entre les pouvoirs constitués sont liés à l'*executive order* 13769, dit « *muslim ban* », décidé en 2017. Il prévoit que les États-Unis suspendront les visas pour plusieurs pays réputés à risque et exclusivement à majorité musulmane. Cet *executive order*, après avoir été d'abord rejeté par des cours américaines, finira par être entériné par la Cour suprême en juin 2018 après plus d'un an de bataille judiciaire. De plus, les tensions montent aussi entre le Congrès et la présidence. Elles portent sur des allégations faisant état de collusions entre l'État russe et le candidat Trump en 2016 et de pressions politiques de la part du président américain sur l'Ukraine en vue d'obtenir des

9 Ronald P. Formisano, *The Tea Party: A Brief History*, Baltimore, Johns Hopkins University Press, 2012. Vanessa Williamson, Theda Skocpol, John Coggin, « The Tea Party and the Remaking of Republican Conservatism », *Perspectives on Politics*, vol. 9, n° 1, mars 2011, p. 25-43.

10 Cas Mudde, *The Far Right in America*, Londres et New York, Routledge, 2018.

11 Matthew Grossmann, David A. Hopkins, *Asymmetric Politics: Ideological Republicans and Group Interest Democrats*, New York, Oxford University Press, 2016.

12 Justin Gest, *The New Minority: White Working-Class Politics in an Age of Immigration and Inequality*, New York, Oxford University Press, 2016.

13 Gallup, Presidential Approval Ratings, https://news.gallup.com/poll/203198/presidential-approval-ratings-donald-trump.aspx.

informations compromettantes pour le camp démocrate. La première affaire a abouti à une enquête menée par le procureur spécial, Robert Muller, mais sans conséquences judiciaires pour Trump. La seconde affaire a abouti à l'ouverture d'une procédure d'*impeachment* au Congrès en 2019, mais qui n'a pas abouti en raison de l'opposition du Sénat à majorité républicaine. Institutionnellement contrôlé de manière étroite par le Congrès[14], Trump doit aussi faire avec une polarisation partisane croissante qu'il contribue à amplifier.

Enfin, la dernière faiblesse de Donald Trump tient à sa personne et à son idéologie. Sans expérience notable auparavant comme membre du Congrès ou comme gouverneur, il s'est présenté comme un chef d'entreprise et un homme d'affaires charismatique et intraitable. Cette stratégie renvoie autant à la culture américaine valorisant la réussite économique qu'à un phénomène de réalignement idéologique incarné par un homme qui entend rompre avec les « tabous » et habitudes politiques. La ligne populiste de Trump – anti-élite, xénophobe, protectionniste – et sa rhétorique provocatrice le mettent en porte-à-faux par rapport aux élites politiques washingtoniennes. Elles résultent autant du parcours politique de Trump en dehors de la carrière militante traditionnelle que de sa personnalité provocatrice et de l'instabilité de son équipe politique qu'il eut des difficultés à former et dont la composition n'a cessé de changer.

Le système de *checks-and-balances* et la stricte séparation des pouvoirs expliquent ainsi en partie la faiblesse relative de Trump. Or, la politique étrangère offre des options d'action à un leader populiste comme Donald Trump. Disposant de l'appui de nombreuses agences soumises à son pouvoir, des atouts de la puissance américaine dans les organisations internationales, le président dispose d'une chambre d'écho et d'une marge de manœuvre plus étendue en politique étrangère qu'en politique intérieure[15]. Il a par conséquent utilisé la politique étrangère comme plateforme politicienne pour montrer sa détermination à ses électeurs et pour prouver qu'il tient ses promesses électorales. Son « charisme » populiste centré sur sa personne consiste à vouloir faire naître l'idée d'une présidence forte, d'un exécutif « héroïque » qui lutte à la fois contre « l'État profond » (*deep state*) et contre les menaces qui guetteraient les États-Unis (immigration, terrorisme, exportations chinoises). Mais en quoi les organisations internationales offrent-elles des options aux leaders populistes comme Donald Trump pour échapper à leurs faiblesses éventuelles sur le plan national ?

....

14 Richard Neustadt, *Presidential Power*, New York, John Wiley & Sons, 1960.

15 John G. Ikenberry, *After Victory: Institutions, Strategic Restraint, and The Rebuilding of Order After Major Wars*, Princeton, Princeton University Press, 2001.

... mais qui utilise ses prérogatives en politique étrangère à des fins électoralistes...

Les organisations internationales ouvrent des options politiques aux leaders populistes comme Donald Trump car le président américain bénéficie de nombreuses prérogatives au plan international et d'un accès aux forums internationaux pour faire entendre son message.

Donald Trump utilise la politique étrangère et les organisations internationales fondamentalement pour se poser en défenseur de la souveraineté des États-Unis. Il bénéficie de la longue participation de son pays aux processus de coopération internationale pour faire valoir les intérêts américains en recourant à des stratégies unilatéralistes afin de faire pression sur ses partenaires ou interlocuteurs. C'est une stratégie qu'on peut qualifier d'*hybride* car elle consiste à appartenir au système international que les États-Unis ont façonné de manière centrale, mais dont Trump ne veut plus payer le coût financier et politique en termes de coordination internationale.

L'ordre international co-façonné par les États-Unis est en effet fondé sur des règles et normes internationales qui renvoient à un ensemble institutionnel dont les plus importantes sont l'ONU, le GATT (remplacé par l'OMC en 1994), l'OTAN, la Banque mondiale et le FMI. L'internationaliste américain G. John Ikenberry parle de *constitutional order* pour désigner cet ensemble de règles contraignant la puissance américaine et l'obligeant à se restreindre dans l'usage de la force[16]. Les États-Unis ont contribué historiquement de manière importante à la naissance d'un ensemble d'institutions internationales transatlantiques. Les États-Unis et les Britanniques avaient d'abord signé la Charte de l'Atlantique en 1941 avant de créer avec 51 autres d'États les Nations Unies en 1945 qui vise à être un forum de négociations et de délibérations politiques entre les États. Le GATT créé en 1947, auquel succèdera l'OMC, répond aux projets libre-échangistes des États-Unis et a pour but de faciliter la baisse des tarifs douaniers et la résolution par un arbitrage bilatéral des différends internationaux de nature commerciale. La dernière institution internationale à évoquer est l'OTAN, qui a vu le jour en

16 Sur l'ordre libéral international américain voir John G. Ikenberry, *Liberal Leviathan : The Origins, Crisis, and Transformation of the American World Order*, Princeton, Princeton University Press, 2011. Pour une description classique des institutions internationales et leur rôle pour permettre une coordination entre les États, voir l'ouvrage de Robert O. Keohane et Joseph S. Nye, *Power and Interdependence*, Boston, Longman, 2012. Sur les questionnements aux États-Unis sur le devenir de la politique étrangère américaine : Pierre Baudry, « Quand une puissance hégémonique doute : quelle orientation pour la politique étrangère américaine ? », *Études Internationales*, à paraître, 2020.

1949 et qui est une alliance militaire défensive garantissant la sécurité de tous ses membres au titre de l'article 5 du Traité de l'Atlantique Nord.

Donald Trump rompt avec cette logique de coopération internationale en cherchant à maximiser les bénéfices politiques et économiques que les organisations internationales peuvent lui apporter à titre personnel et pour ce qu'il tient être les intérêts des États-Unis. Constitutionnellement, le Sénat joue un rôle déterminant dans la conduite de la politique étrangère américaine au travers notamment du pouvoir de ratifier les traités internationaux ou de déclarer la guerre. Mais l'évolution historique du pouvoir du président tout au long du XXe siècle a amené à un renforcement sensible des pouvoirs de la Maison-Blanche[17]. C'est là un facteur essentiel qui permet à Donald Trump de disposer d'options politiques majeures. Parmi ses prérogatives, on doit évoquer le droit d'envoyer des troupes et le statut de commandant en chef, la nomination (après approbation par le Sénat) des membres de l'Administration, des diplomates et des hauts fonctionnaires, le rôle de représentant à l'étranger du pays, la capacité à initier des négociations internationales ou à y mettre un terme sans, de plus, que le Sénat ne puisse intervenir dans le contenu même des débats et échanges entre les négociateurs. Le président dispose également d'une vaste bureaucratie, d'un réseau de renseignement très développé et de la capacité d'un point de vue diplomatique à reconnaître des pays ou leur capitale.

Le pouvoir de représentation des États-Unis s'avère particulièrement important pour Donald Trump qui l'a utilisé notamment à l'ONU le 25 septembre 2018 pour tenir un véritable discours de politique intérieure. Les organisations internationales lui fournissent paradoxalement un forum extraordinaire pour défendre ses positions et ses politiques. Il y défend en effet son bilan – marqué par la baisse des chiffres officiels du chômage.

Il veut aussi montrer sa détermination contre les pratiques commerciales de la Chine qu'il juge illégales :

> The United States lost over 3 million manufacturing jobs, nearly a quarter of all steel jobs, and 60,000 factories after China joined the WTO. And we have racked up $13 trillion in trade deficits over the last two decades. But those days are over. We will no longer tolerate such abuse. We will not allow our workers to be victimized, our companies to be cheated, and our wealth to be plundered and transferred. America will never apologize for protecting its citizens[18].

17 François Vergniolle de Chantal, « Le Congrès des États-Unis : une assemblée incontrôlable ? », *Les Études du CERI*, n° 200, décembre 2013.

18 Trump Donald, discours à la tribune à l'ONU, 25 septembre 2018.

Enfin, de manière générale, il déploie une vision différentialiste des relations internationales caractérisée par l'existence de nations indépendantes et culturellement spécifiques en quête de souveraineté. Pour Trump, conformément à la vision réaliste des relations internationales, le monde se réduit à un ensemble d'États disposant chacun de leurs culture et histoire propres. Il prononce en effet ces mots qui expriment sa vision souverainiste du monde :

> America is governed by Americans. We reject the ideology of globalism, and we embrace the doctrine of patriotism (...). The United States is the world's largest giver in the world, by far, of foreign aid. But few give anything to us. That is why we are taking a hard look at U.S. foreign assistance[19].

L'ONU devient une tribune de politique intérieure pour le président américain qui n'aborde nullement certaines des grandes questions internationales contemporaines : immigration, changement climatique, financiarisation de l'économie. Donald Trump aborde ici essentiellement des questions de politique intérieure américaine et tient un discours comparable à un discours sur l'état de l'Union.

Mais ces prises de position s'accompagnent aussi d'une série de nominations aux plus hauts postes, ce qui permet à Donald Trump de mener ici aussi une stratégie électoraliste. Il s'agit autant de nominations au plan national à des postes stratégiques au sein de l'administration à l'ONU notamment. La nomination de Nikki Haley comme ambassadrice des États-Unis à l'ONU est significative aussi de la confusion entre politique étrangère et visée électorale. Ancienne gouverneur de la Caroline du Sud (2011-2017) critique de Donald Trump, elle s'est ralliée à lui et soutient sa politique pro-israélienne. En juin 2017, elle annonce ainsi le retrait des États-Unis du Conseil pour les droits de l'homme de l'ONU, qu'elle considère être biaisé. En octobre 2017, les États-Unis décident de se retirer de l'UNESCO[20]. Cette stratégie qui consiste à utiliser l'ONU à la fois pour rejeter les accusations portées contre Israël, mais aussi pour faire pression sur les organisations internationales en privant de fait l'UNESCO de financement revient à faire un usage unilatéral et intéressé des forums internationaux dont les règles contraignantes sont rejetées. Mais en reconnaissant Jérusalem comme capitale d'Israël, Donald Trump fait aussi usage de ses prérogatives comme président et le but de cette stratégie consiste essentiellement à élargir sa base au sein de l'électorat américain[21].

....

19 *Ibid.*

20 Gardiner Harris et Steven Erlanger, "U.S. Will Withdraw From Unesco, Citing Its 'Anti-Israel Bias'", *New York Times*, 12 octobre 2017.

21 Anne Gearan, "Trump Casts Criticism of Israel as Dangerous as He Courts Jewish Voters for 2020", *Washington Post*, 13 décembre 2019.

Le troisième levier pour Donald Trump consiste à faire usage des mécanismes juridictionnels et d'arbitrage des organisations internationales pour obtenir des sanctions contre des pays tiers et pour montrer son soutien à l'industrie américaine. Il a ainsi obtenu une condamnation d'Airbus devant l'OMC en raison d'aides publiques à la compagnie aérienne de la part de l'Union européenne, ce qui a permis à Washington d'imposer des taxes douanières de 7,5 milliards de dollars sur les exportations européennes vers les États-Unis[22]. Or, seul le président peut faire usage de ce levier car le fait de recourir à l'OMC fait partie de ses prérogatives. De plus, soutenu par des électeurs de la *rust belt*, bastion historique des démocrates, lors des élections de 2017, Donald Trump veut montrer sa volonté de réindustrialiser les États-Unis. Il mène ainsi une stratégie de préservation de sa base électorale pour 2020.

Le dernier levier de pouvoir pour Donald Trump au plan international est sa capacité à faire pression sur ses alliés et sur des États tiers au travers des organisations internationales comme l'OTAN. Cela tient structurellement à son rôle de représentant des États-Unis à l'extérieur, mais aussi au rôle des États-Unis comme garant de la sécurité de l'Europe. Ceci vaut d'abord pour un des principaux alliés de Washington en Europe, l'Allemagne. Donald Trump a souvent répété que l'Allemagne bénéficiait selon lui des largesses des États-Unis et exportait de manière excessive. Il écrit ainsi sur Twitter :

> We have a MASSIVE trade deficit with Germany, plus they pay FAR LESS than they should on NATO & military. Very bad for U.S. This will change[23].

De manière quasiment identique, dans une interview pour le journal *Bild Zeitung*, Trump critique la politique économique de l'Allemagne[24].

Il reproche notamment aux Européens de ne pas payer leur part dans le financement de l'OTAN, l'organe de sécurité collective du vieux continent. Ceci vaut en particulier pour l'Allemagne qui, pour des raisons historiques, hésite à augmenter son budget consacré à la défense tout en dépendant du parapluie militaire de l'OTAN et des États-Unis[25]. Il les incite notamment à prendre en charge leur destin et leur sécurité sans l'aide de Washington. Or, ceci a eu un impact majeur sur la politique européenne puisque maintenant même Berlin s'interroge sur la politique étrangère américaine malgré l'ancienneté des relations

22 Stephanie Nebehay, "WTO clears U.S. to target EU goods with tariffs over Airbus", *Reuters*, 14 octobre 2019.
23 Donald Trump, tweet du 30 mai 2017.
24 "Full transcript of interview with Donald Trump Donald Trump", *The Times*, 16 janvier 2017.
25 "Transcript : Donald Trump's Foreign Policy Speech", *New York Times*, 27 avril 2016.

germano-américaines[26]. Quant aux autres pays européens, ils continuent à acheter des armements américains. L'OTAN se transforme ainsi à la fois en alliance politico-commerciale, mais aussi en levier électoral pour Donald Trump qui contribue à polariser l'opinion américaine : entre 2016 et 2017, le soutien des Démocrates à l'OTAN passe de 58 % à 78 % tandis qu'il baisse à 47 % contre 52 % sur la même période chez les Républicains[27].

En conclusion de ces analyses de la politique trumpienne, on voit que cette stratégie demeure sur le fond comparable à des précédents historiques nombreux. Reagan avait déjà retiré les États-Unis de l'UNESCO en 1984. Georges W. Bush avait réintroduit des barrières douanières sur les importations d'acier vers les États-Unis en 2002. Obama, quant à lui, avait appelé les Européens à augmenter leurs dépenses de défense. Mais la nouveauté depuis l'élection de Donald Trump tient à l'apparition d'une polarisation politique autour de la mondialisation et de son coût politique et économique. Le clivage progressistes/conservateurs connaît une inflexion autour d'un nouveau clivage entre partisans de la mondialisation/adversaires de la mondialisation que l'arrivée au pouvoir de Trump symbolise car il conteste les aspects contraignants des organisations internationales, mais il le fait pour assurer sa réélection auprès d'une population qui se polarise sur l'attitude à adopter face à la mondialisation.

L'AfD au Parlement européen : quand un parti isolé en Allemagne cherche à se renforcer en Europe

Des leaders populistes sans expérience et marginalisés en Allemagne...

Cette politisation des organisations internationales par des leaders populistes se retrouve aussi en Allemagne depuis la création de l'AfD. Les dirigeants de ce parti tentent aussi d'utiliser les forums internationaux pour défendre leurs intérêts électoraux et leur vision souverainiste des intérêts de l'Allemagne. Cependant, ils le font dans un contexte multilatéral, parlementaire et dans le cadre d'alliances politiques entre partis populistes européens au sein du Parlement européen alors que la stratégie de Donald Trump repose sur ses prérogatives comme chef de l'exécutif et fait usage de la supériorité militaire et économique des États-Unis sur les autres pays du monde.

26 Oliver Georgi, "Die Deutschen verzweifeln an Amerika", *Frankurter Allgemeine Zeitung*, 4 mars 2019.

27 Moira Fagan, "NATO is seen favorably in many member countries, but almost half of Americans say it does too little", Pew Research Center, 9 juillet 2018.

Les leaders de l'AfD élus au sein du Parlement européen entre 2014 et 2019 sont au nombre de sept[28]. Nous nous intéresserons aux trois principaux : il s'agit de Bernd Lucke, Jörg Meuthen, Beatrix von Storch. Le choix de ces trois figures tient à leur rôle majeur dans la naissance de l'AfD dont ils sont des membres fondateurs et des leaders. Lucke, professeur d'économie de profession, a lancé un appel réunissant 300 économistes en 2013 contre les plans d'aides à la Grèce. Cette initiative a servi de base idéologique à l'AfD qui se définira d'abord comme un parti hostile à l'euro et aux aides aux pays de la zone euro en crise. Vice porte-parole de l'AfD, poste équivalent à celui de vice-secrétaire général du parti, et figure de proue dans les médias, il est la figure centrale dans la naissance du mouvement jusqu'à son départ en 2015 suite à une dissension interne. Meuthen, lui aussi économiste de formation, a été élu vice porte-parole de l'AfD en 2015. Storch, quant à elle, est avocate de profession et a mené une activité de lobbyiste comme catholique conservatrice depuis les années 1990, avant de devenir vice porte-parole de la fédération berlinoise de l'AfD en 2019[29]. Tous trois incarnent les deux lignes idéologiques fondatrices de l'AfD autour du rejet de l'euro et du conservatisme politique.

Leur situation politique est conditionnée par les trois éléments soulignés dans l'introduction de cette étude : leur position de faiblesse institutionnelle au niveau national, la situation de l'Allemagne au sein de l'Union européenne dont elle demeure à la fois un acteur central et un acteur dépendant notamment au travers de l'euro, et les rapports de force au plan européen qui en font une « puissance malgré elle »[30].

Leur faiblesse sur le plan national tient d'abord au rejet profond dont sont l'objet les leaders d'extrême droite et populistes de droite radicale comme ceux de l'AfD. Les mouvements qui ont précédé l'AfD dans l'histoire allemande dans la ligne politique – Die Freiheit, Bund freier Bürger, Schill-Partei – n'ont jamais connu de résultats significatifs au plan national[31]. La marginalisation de l'AfD tient à l'histoire propre des partis conservateurs et libéraux allemands – CDU/CSU, FDP – dont l'histoire partisane s'est construite contre l'extrême droite,

28 Il s'agit de Bernd Lucke, Jörg Meuthen, Beatrix von Storch, Hans-Olaf Henkel, Joachim Starbatty, Ulrike Trebesius, Bernd Kölmel, Marcus Pretzell. Il faut noter que von Storch quittera son poste comme députée européenne en 2017 pour rejoindre le Bundestag : elle sera remplacée par Jörg Meuthen qui prendra son siège au Parlement européen.

29 David Bebnowski, *Die Alternative für Deutschland. Aufstieg und gesellschaftliche Repräsentanz einer rechten populistischen Partei*, Wiesbaden, Springer Fachmedien, 2015, p. 25-27.

30 Hans Stark, *La politique internationale de l'Allemagne : Une puissance malgré elle*, Lille, Presses universitaires du Septentrion, 2011.

31 Frank Decker, « Über das Scheitern des neuen Rechtspopulismus in Deutschland. Republikaner, Statt-Partei und der Bund freier Bürger », Österreichische *Zeitschrift für Politikwissenschaft*, vol. 29, n° 2, 2000, p. 237-255.

ainsi que dans une logique de démocratisation et de rassemblement interclassiste, non de rejet d'une partie de la population[32]. De plus, la loi électorale allemande exige un score minimal de 5 % pour être représenté au Bundestag qui est dominé historiquement par des coalitions de partis politiques, configuration peu favorable pour un parti extrémiste comme l'AfD qui n'obtiendra que 4,7 % des voix en 2013[33]. Les médias et les politistes ont hésité quant à la classification à adopter pour appréhender l'AfD : parti néo-libéral, populiste, d'extrême droite, nationaliste[34] ? Ce climat de suspicion et de rejet mutuel entre les représentants de l'AfD et le monde politique (qualifiée *d'Altparteien*, de « vieux partis ») a culminé avec la surveillance de ce parti par le *Verfassungsschutz* (Office fédéral de protection de la constitution), la structure de renseignement et de surveillance du territoire allemand qui veille à la protection de la loi fondamentale allemande[35].

Cette faiblesse institutionnelle renvoie aussi à une situation de fragilité intérieure à l'AfD. Ce parti né dans le contexte de la crise de l'euro s'est centré sur les questions économiques en 2013, mais il apparaît vite comme un *Wutpartei* (« parti né de la colère ») dont l'existence demeurera précaire et qui se trouve au bord de l'implosion dès 2015 suite à des scissions internes[36]. Réunissant autant des électeurs conservateurs d'ex-Allemagne de l'Ouest déçus par les partis traditionnels que des Allemands de l'ex-Allemagne de l'Est, il connaît un rebond avec le sursaut identitaire autour de la figure radicale de Björn Höcke qui incarne la ligne identitaire du parti[37]. L'inexpérience politique des dirigeants de l'AfD se

....

32 Pierre Baudry, « La CDU/CSU sous Merkel, des partis en phase de modernisation ? Les conservateurs allemands, la politique familiale et les enjeux de genre », *Revue d'Allemagne et des pays de langue allemande*, vol. 50, n° 1, juin 2018, p. 131-143.

33 Rüdiger Schmitt-Beck, « Euro-Kritik, Wirtschaftspessimismus und Einwanderungsskepsis: Hintergründe des Beinah-Wahlerfolges der Alternative für Deutschland (AfD) bei der Bundestagswahl 2013 », *Zeitschrift für Parlamentsfragen*, n° 1, 2014, p. 94-112.

34 Sur cette question voir Marcel Lewandowsky, « Eine rechtspopulistische Protestpartei? Die AfD in der öffentlichen und politikwissenschaftlichen Debatte », *ZPol Zeitschrift für Politikwissenschaft*, 2015, p. 119-134.

35 Marlene Grunert, « Im Dienste des Menschen? », *Frankfurter Allgemeine Zeitung*, 26 janvier 2019. Sur les élections au Parlement européen de 2014, voir Michael Kaeding et Nico Switek, dir., *Die Europawahl 2014 : Spitzenkandidaten, Protestparteien, Nichtwähler*, Wiesbaden, Springer VS, 2015.

36 Bernd Lucke, co-fondateur de l'AfD et figure de proue du parti quittera l'AfD en raison de la radicalisation du parti vers la droite pour fonder son propre parti en 2015, Allianz für Fortschritt und Aufbruch qui deviendra le Liberal-Konservative Reformer en 2016.

37 Richard Hilmer *et al*, « Einstellung und soziale Lebenslage. Eine Spurensuche nach Gründen für rechtspopulistische Orientierung, auch unter Gewerkschaftsmitgliedern », *Working Paper der Forschungsförderung in der Hans-Böckler-Stiftung*, n° 44, 2017 ; Holger Lengfeld, *Abstiegsangst in Deutschland auf historischem Tiefstand*, Arbeitsbericht des Instituts fur Soziologie Universität Leipzig, n° 73, 2017.

traduit par une marginalisation[38], ainsi par une radicalité. Ils ont en effet rejeté en bloc presque cinquante ans de construction européenne, d'évolution des mœurs et de politique migratoire.

... en quête de crédibilité grâce au Parlement européen ...

Face à ces difficultés au niveau national, le débouché du Parlement européen est précieux pour les leaders de l'AfD, Lucke, von Storch et Meuthen. L'absence de résultats minimaux pour entrer au Parlement européen et un système entièrement proportionnel sont les deux atouts d'un point de vue du système électoral pour le parti populiste allemand qui sera représenté en 2014 avec 7 % des voix[39]. Le rapport des élus de l'AfD à l'intégration européenne est donc paradoxal. D'un côté, la normalisation des relations de l'Allemagne avec ses partenaires européens depuis 1945, son image de démocratie stable et de *civilian power*[40], l'importance de la coopération internationale et de l'intégration européenne ont profité indirectement à Lucke, von Storch et Meuthen qui ont pu entrer au Parlement européen, symbole de l'intégration politique européenne. D'un autre côté, Lucke et les autres dirigeants de l'AfD prônent la sortie de l'euro, mais pas la sortie de l'Union européenne ni de l'OTAN[41]. La raison de cet apparent paradoxe tient au fait que le but des dirigeants de l'AfD consiste à limiter le coût politique de l'intégration, tout en en gardant les avantages économiques, et pour la sécurité de l'Allemagne, tout en réduisant les engagements financiers et politiques envers des pays tiers comme la Grèce au travers des plans d'aide à la zone euro. Ils disent vouloir maintenir l'essentiel des structures de l'Union européenne sur le plan économique - marché unique - tout en maintenant les structures supranationales, mais soumises à un contrôle politique accru par les États[42].

De manière paradigmatique, nous constatons une opposition structurelle au niveau des options politiques ouvertes à Lucke, von Storch et Meuthen ainsi qu'à Donald Trump. Nous avons décrit plus haut la stratégie unilatéraliste centrée sur le pouvoir exécutif menée par les États-Unis sous Donald Trump, qui utilise les atouts de la puissance américaine. Dans le cas des leaders de l'AfD et de leur rapport aux organisations internationales, on constate une stratégie de

38 Peter Rütters, *„Parlamentsfähig "? – Die Abgeordneten der AfD in den Landtagen und Bürgerschaften, op. cit.*

39 Farrell et Newman, « Brexit, Voice and Loyalty: Rethinking Electoral Politics in an Age of Interdependence », *art. cit.*

40 Sebastian Harnisch et Hans Maull, *Germany as a Civilian Power? The Foreign Policy of the Berlin Republic*, Manchester, Manchester University Press, 2001.

41 AfD, « *Programme fondamental* » (Grundsatzprogramm, 2016), p. 30.

42 *Ibidem*, p. 19.

participation à un parlement, le Parlement européen, et l'obligation d'opérer dans un cadre multilatéral et de gouvernance multiniveaux[43]. Mais la stratégie souverainiste des élus européens de l'AfD consiste à utiliser les organisations internationales comme un levier de visibilité et de puissance dans un but électoraliste : Lucke, von Storch et Meuthen cherchent à nourrir le récit selon lequel ils s'opposent aux « mensonges » des organisations supranationales (Union européenne, Banque centrale européenne). La posture « hypercritique » et « vigilante » des leaders de l'AfD consiste à se présenter comme le gardien des droits des Allemands que l'Europe foule au pied selon eux. C'est une tactique s'inscrivant dans un contexte traditionnel pour le pouvoir parlementaire de contrôle du pouvoir exécutif, mais que le parti populiste allemand radicalise autour d'un discours antisystème. En effet, la stratégie de Lucke, von Storch et Meuthen consiste en la défense de ce qu'ils considèrent être les intérêts de l'Allemagne : ce parti cherche ainsi à s'opposer aux progrès de l'intégration internationale et à rejeter toute forme de coopération internationale qui n'est pas soumise à un contrôle politique étroit.

Dans son programme fondamental de 2016 qui exprime de manière solennelle les valeurs centrales de l'AfD, on peut en effet lire ceci :

> (...) Seules les démocraties nationales, construites au cours de l'histoire douloureuse des nations, permettent d'offrir à leurs citoyens les références souhaitées en termes d'espace d'identité et de protection. Elles seules permettent l'exercice optimal des libertés individuelles et collectives. Elles seules peuvent suffisamment les garantir. Les promesses de remplacement des États-nations démocratiquement opérationnels par des États supranationaux et des organisations internationales ne seront ni tenues ni réalisables[44].

Afin de défendre ce programme, Lucke, von Storch et Meuthen peuvent s'appuyer sur les prérogatives suivantes du Parlement européen qui progressent dans le contexte de l'entrée en vigueur du Traité de Lisbonne[45] : représentation des électeurs ; légitimation des décisions de l'Union européenne ; interventions

43 Angelos Chryssogelos, « State Transformation and Populism: From the Internationalized to the Neo-Sovereign State? », *Politics*, octobre 2018.

44 Alternative für Deutschland, « *Programme fondamental* », *op. cit.*, p. 19.

45 Il faut noter que depuis l'entrée en vigueur du traité de Lisbonne le 1er décembre 2009, l'ancienne procédure de co-décision a été réhaussée au niveau d'une véritable procédure législative : ceci a abouti à une extension des domaines de compétences du Parlement européen en ce qui concerne la production des normes européennes et le contrôle du budget. Même en l'absence d'un droit d'initiative direct, le Parlement européen peut exiger de la Commission européenne qu'elle présente un projet de loi sur une question spécifique. Voir à ce sujet : Torsten Oppelland, « Institutionelle Neuordnung und Demokratisierung », in *Die Europäische Union nach dem Vertrag von Lissabon*, Olaf Leisse, dir., Wiesbaden, VS-Verlag, 2009, p. 79-96.

lors des séances plénières ; participation aux commissions parlementaires visant à contrôler les projets de nomination des dirigeants des organes de l'Union européenne, des projets de directives européennes et du budget européen ; pouvoir d'enquête parlementaire.

En ce qui concerne la légitimité et la visibilité, le Parlement européen fonctionne comme une chambre d'écho pour les députés de l'AfD qui l'utilisent comme un moyen pour faire entendre leurs revendications souverainistes. Lucke, von Storch et Meuthen peuvent ainsi recourir aux outils classiques du travail parlementaire : intervention orale, question à la Commission européenne ou proposition de résolution. L'activité de élus de l'AfD au Parlement européen lors des séances plénières après les élections de 2014 se laisse ainsi analyser[46]. 32,1 % de ces interventions portent sur l'euro et la politique financière, 22,4 % concernent les institutions européennes et 22,4 % ont pour objet la politique commerciale internationale. Il s'agit des revendications fondamentales de l'AfD qui reflètent ses origines comme parti né de revendications économiques et qui veut défendre la position de l'Allemagne dans le commerce international. Cette origine explique que les problématiques relatives à l'immigration, à l'asile et au contrôle à la frontière tiennent un rôle relativement mineur. La raison tient à ce que lors de sa fondation, Alternative für Deutschland était un parti anti-euro alors que le tournant xénophobe de l'AfD date de 2015.

Ces interventions en séance plénière renvoient toutes, cependant, à la question de l'indépendance de l'Allemagne. Lucke, von Storch et Meuthen défendent ainsi certes un programme libéral sur le plan économique, mais dans une finalité souverainiste :

> Pretzell[47] et von Storch critiquent en particulier la Commission européenne, le président du Parlement et les dépassements présumés de la compétence de l'UE de manière générale. Au total en moyenne 22,4 % des activités des parlementaires de l'AfD relèvent de cette catégorie (...)[48].

Il y a ainsi un double usage des séances plénières par Lucke, von Storch et Meuthen qui utilisent ce forum à la fois comme un levier – classique – de critique et de contrôle des décisions prises par la Commission européenne, mais aussi pour défendre une vision du monde souverainiste comparable à celle défendue par Donald Trump dans ses interventions dans les organisations internationales comme l'ONU.

46 Karsten Grabow et alii, « « *Ich will die EU zerstören* »: EU-*Gegner im 8. Europäischen Parlament ; eine Jahresbilanz* », *op. cit.*, p. 41.

47 Pretzell est un des sept députés de l'AfD élu au parlement européen en 2014.

48 Grabow Karsten et alii, « « *Ich will die EU zerstören* »: EU-*Gegner im 8. Europäischen Parlament ; eine Jahresbilanz* », *op. cit*, p. 42.

La seconde principale forme d'intervention des leaders de l'AfD au sein du Parlement européen relève du vote pour les candidats à la présidence de la Commission européenne, de la participation aux commissions parlementaires et au processus législatif. Lucke, von Storch et Meuthen ont été membres de commissions parlementaires très importantes pour l'Union européenne et par rapport à leur engagement idéologique[49] puisque tous trois ont été membres de la Commission des affaires économiques et monétaires (ECON). Lucke se concentre sur les questions économiques et sur les relations entre l'Europe et la Turquie comme le montre son appartenance à la Commission ECON, à la Commission du développement (DEVE), à la commission mixte Union européenne-Turquie et à la commission spéciale sur les rescrits fiscaux (TAXE). Beatrix von Storch intervient sur les questions de sécurité et de libertés fondamentales, relatives à la place des femmes, mais dans une logique de contrôle de l'Union européenne et d'un projet conservateur sur le plan des mœurs : elle a été membre de la Commission des libertés civiles, de la justice et des affaires intérieures (LIBE), de la Commission des droits de la femme et de l'égalité des genres (FEMM) – tout comme Jörg Meuthen[50] –, adjointe à la Commission des affaires économiques et monétaire (ECON). Bernd Lucke et Beatrix von Storch sont de plus particulièrement présents au sein de leur commissions respectives : le premier a participé à 95 % des séances de sa commission et von Storch à toutes les séances[51]. Au niveau des votes, l'AfD vote majoritairement contre les mesures portant sur l'euro, la politique économique de l'Union et sur les institutions européennes. Néanmoins, leur taux d'approbation aux propositions législatives s'élève à 52,4 % notamment en raison de leur soutien à la politique de libéralisation économique de l'Union européenne[52].

De plus, les commissions parlementaires sont l'antichambre du travail législatif du Parlement européen. Chaque fraction au Parlement européen nomme un rapporteur qui rédige le projet législatif qui sera ensuite discuté et voté en séance plénière. En raison de la faiblesse du nombre de députés de l'AfD au Parlement européen, Lucke, von Storch et Meuthen n'ont joué aucun rôle majeur dans la rédaction des projets de normes européennes. Mais ils ont joué un rôle dans le domaine du contrôle du travail de l'UE. Ce travail passe par la rédaction de

49 Parlement européen, https://www.europarl.europa.eu/doceo/document/PV-8-2014-07-03-ANN-1_DE.pdf. Consulté le 5 janvier 2020.

50 Parlement européen, fiche de présentation des membres du parlement, https://www.europarl.europa.eu/meps/fr/190518/JORG_MEUTHEN/history/8#mep-card-content. Consulté le 12 janvier 2020.

51 Karsten Grabow et alii, « « *Ich will die EU zerstören* »: EU-*Gegner im 8. Europäischen Parlament ; eine Jahresbilanz* », *op. cit.*, p. 48.

52 *Ibid.*, p. 54.

rapports sur l'activité des institutions européennes, de la BCE et la Commission européenne. Bernd Lucke a ainsi été un des rédacteurs des rapports annuels sur l'activité de la BCE[53]. Meuthen participe, quant à lui, aux délibérations et aux votes sur la création d'un fond monétaire européen permettant plus de solidarité entre les pays de la zone euro[54]. Mais ni l'un ni l'autre ne peuvent empêcher le renforcement des politiques de soutien à l'euro. Les projets politiques des leaders de l'AfD restent-ils alors sans effet sur le cours de la politique européenne ?

... mais en difficulté face aux crises internes du parti et pour trouver des alliés

D'abord, il faut relever que le caractère polycentrique de la gouvernance européenne (Commission européenne, Conseil de l'Europe et Conseil européen, Cours de justice de l'Union européenne), centrée de manière grandissante sur les exécutifs nationaux et les organes de gouvernance internationaux (BCE, FMI, Union bancaire européenne) pendant la crise de l'euro sont peu favorables aux élus de l'AfD au Parlement européen. Eux qui défendent l'idée d'un référendum comme l'élément clé de la démocratie nationale doivent passer par le travail souvent invisible de parlementaires européens en commission et en séances plénières.

La seconde difficulté pour les leaders de l'AfD tient aux obstacles pour former de véritables alliances transnationales avec d'autres partis populistes. Ces alliances au sein des groupes parlementaires sont censées permettre aux partis souverainistes européens d'intervenir sur des thèmes communs et de faire avancer les mêmes préoccupations. Le Parlement européen offre ainsi potentiellement des opportunités d'alliances pour Lucke, Meuthen et von Storch. Les élus de l'AfD font partie entre 2014 et 2019 des Conservateurs et réformistes européens (CRE) aux côtés du Parti populaire danois (*Dansk Folkeparti*, DF ou DFP), du Parti conservateur britannique et de Fratelli d'Italia.

Mais l'instabilité et les tensions au sein de l'AfD au Parlement européen sont très fortes. Von Storch rejoint ainsi dès 2014 le Mouvement politique chrétien européen (MPCE) en raison de ses positions conservatrices sur le plan moral qui correspondent à celle du MPCE. Mais suite à des déclarations polémiques sur les immigrés – qu'elle propose d'éloigner des frontières allemandes par la violence si nécessaire –, elle rejoint les Conservateurs et réformistes européens (CRE),

53 Bernd Lucke, contributions aux travaux du Parlement européen, https://www.europarl.europa.eu/doceo/document/CRE-8-2016-11-22-INT-2-299-0843_DE.html. Consulté le 10 janvier 2020.

54 Rapport intermédiaire de la commission parlementaire ECON, (COM (2017)0827 – C8-0000/2018 – 2017/0333R (APP)), https://www.europarl.europa.eu/doceo/document/A-8-2019-0087_DE.html. Consulté le 10 janvier 2020.

qu'elle quitte lui aussi en 2016 suite à de nouvelles menaces d'exclusion. Elle fait ensuite partie du groupe Europe libertés démocratie (ELD)[55]. De plus, en raison du départ de Lucke de l'AfD en 2015 à cause du virage identitaire de son parti, ce sont six députés de l'AfD sur sept qui rejoignent le groupe Europe de la liberté et de la démocratie directe auquel appartient Ukip de Nigel Farage. Ces divisions internes de l'AfD rendent plus complexes les alliances avec d'autres partis populistes et empêchent les leaders de l'AfD de peser autant qu'ils le voudraient.

Conclusion

Les questions que nous voulions explorer dans cet article sont les suivantes. Pourquoi les leaders populistes comme Donald Trump aux États-Unis, Bernd Lucke, Beatrix von Storch et Jörg Meuthen en Allemagne utilisent-ils les organisations internationales et quels avantages en attendent-ils ? Comment s'en emparent-ils ? Et parviennent-ils à leurs fins ou bien leur action demeure-t-elle sans effet réel ?

Nous avons vu que les organisations internationales – ONU, OMC, OTAN pour Trump ; Parlement européen pour l'AfD – offrent des options politiques face à des difficultés au niveau national en raison de leur inexpérience politique, de leur faiblesse au sein de la vie politique traditionnelle et de leur discours qui les met en porte-à-faux par rapport aux partis classiques. La politique internationale leur offre à tous une chambre d'écho pour leur discours souverainiste et leur volonté de limiter les engagements de leur pays face à des États tiers. Néanmoins, l'action de Trump repose sur ses pouvoirs en tant que chef de l'exécutif du pays le plus puissant du monde et sur sa capacité à intervenir directement sur le devenir des organisations internationales même si son action a souvent plus consisté à rejeter des traités internationaux qu'à repenser l'ordre international (Cop 21, accord de partenariat transpacifique notamment). En revanche, les leaders de l'AfD doivent passer par les contraintes du travail parlementaire, tenter de nouer des alliances instables avec d'autres partis populistes et sont impuissants face aux décisions des États nationaux et de l'Union européenne. Les leaders populistes s'emparent ainsi des organisations internationales qui ne sont pas uniquement des outils de renforcement et de coordination d'une mondialisation qu'ils rejettent, mais aussi un levier politique significatif dans leurs visées électoralistes même si leur capacité à dessiner un nouvel avenir mondial demeure limité et prend souvent des aspects destructifs.

55 « Fraktion will AfD-Abgeordnete loswerden », *Der Spiegel*, 8 mars 2016.

Dans tous les cas, les discours et les actes de Donald Trump aux États-Unis, Bernd Lucke, Beatrix von Storch et Jörg Meuthen en Allemagne témoignent d'une transformation de l'ordre né après 1945 qui tient à l'apparition de comportements anomiques. Par comportement anomique, nous entendons des stratégies égoïstes qui consistent à ne pas accepter de payer le prix lié au maintien de ces biens publics mondiaux créés par les Américains et les Occidentaux après la Seconde Guerre mondiale (sécurité collective, monnaie internationale, marchés internationaux ouverts) tout en en tirant avantage[56]. Ces évolutions permettent d'expliquer en partie le succès des politiques populistes aux États-Unis comme en Allemagne, deux pays centraux dans la construction de l'ordre libéral international après 1945.

☑

Bibliographie

Sources primaires

Alternative für Deutschland, « *Programme fondamental* », 2016.

Discours de Donald Trump, Tribune à l'ONU, 25 septembre 2018.

Donald Trump, *The Times*, 16 janvier 2017, URL : https://www.thetimes.co.uk/article/full-transcript-of-interview-with-donald-trump-5d39sr09d

Sources secondaires

AGLIETTA, Michel et COUDERT, Virginie, *Le dollar et le système monétaire international*, Paris, La Découverte, 2014.

BAUDRY, Pierre, « La CDU/CSU sous Merkel, des partis en phase de modernisation ? Les conservateurs allemands, la politique familiale et les enjeux de genre », *Revue d'Allemagne et des pays de langue allemande*, vol. 50, n° 1, 30 juin 2018, p. 131-143.

FARRELL, Henry, NEWMAN, Abraham L., « Domestic Institutions beyond the Nation-State : Charting the New Interdependence Approach » *World Politics*, vol. 66, n° 2, 2014, p. 331-363.

FARRELL, Henry, NEWMAN, Abraham L., « BREXIT, Voice and Loyalty: Rethinking Electoral Politics in an Age of Interdependence », *Review of International Political Economy*, vol. 24, n° 2, 2017, p. 232-247.

GRABOW, Karsten, OPPELLAND, Torsten, HOYER, Thomas, MERTEN, Gregor, RÖHRIG Adrian, et THUMA, Benjamin, « « *Ich will die EU zerstören* »: EU-*Gegner im 8. Europäischen Parlament ; eine Jahresbilanz* », Sankt Augustin, Konrad-Adenauer-Stiftung, 2015.

IKENBERRY, G. John, *After Victory: Institutions, Strategic Restraint, and the Rebuilding of Order After Major Wars*, Princeton, Princeton University Press, 2001.

GEST, Justin, *The New Minority: White Working Class Politics in an Age of Immigration and Inequality*, New York, Oxford University Press, 2016.

56 Michel Aglietta et Virginie Coudert, *Le dollar et le système monétaire international*, Paris, La Découverte, 2014.

GROSSMAN, Matthew et HOPKINS, David A., *Asymmetric Politics: Ideological Republicans and Group Interest Democrats*, New York, Oxford University Press, 2016.

HAAS, Peter M., « Introduction : Epistemic Communities and International Policy Coordination », *International Organization*, vol. 46, n° 1, 1992, p. 135.

KAEDING, Michael et SWITEK, Nico, dir., *Die Europawahl 2014: Spitzenkandidaten, Protestparteien, Nichtwähler*, Wiesbaden, Springer VS, 2015.

KEOHANE, Robert O. et NYE, Joseph S., *Power and Interdependence*, 4th ed., Boston, Longman, 2012.

MOREAU, Patrick, *L'autre Allemagne : le réveil de l'extrême droite*, Paris, Vendémiaire, 2017.

MUDDE, Cas, « The Study of Populist Radical Right Parties: Towards a Fourth Wave », C-REX Working Paper Series No. 1, Centre for Research on Extremism, the Extreme Right, Hate Crime, and Political Violence, University of Oslo, 2016. p. 8-9.

RUGGIE, John Gerard, « International Regimes, Transactions, and Change: Embedded Liberalism in the Postwar Economic Order », *International Organization*, vol. 36, n° 2, 1982, p. 379-415.

STARK, Hans, *La politique internationale de l'Allemagne : une puissance malgré elle*, Villeneuve d'Ascq, Presses universitaires du Septentrion, 2011.

Varia

« Jeux d'échelle » : de l'intérêt d'une analyse multiscalaire pour mesurer l'impact de la Droite radicale sur le Parti républicain (2010-2019)

Agnès Trouillet*

Résumé

Cet article met en lumière les groupes conservateurs œuvrant au sein et en dehors du Parti républicain, et leurs stratégies pour tirer le programme du parti toujours plus vers la droite. La nébuleuse Tea Party est emblématique des myriades d'organisations opérant à l'échelle nationale, étatique et locale pour influencer la législation. Sa stratégie efficace de noyautage de l'appareil partisan est directement inspirée de la Droite religieuse, notamment avec la focalisation sur les primaires et les échelons local et micro-local. Produit d'une recherche sur le Tea Party en tant que mouvement social et politique, cette analyse mobilise les théories de l'opportunisme structurel et de l'organisation, et s'appuie sur une étude de terrain menée auprès de groupes locaux en Pennsylvanie et dans le Massachusetts de 2012 à 2017 afin d'appréhender la dimension grassroots *du mouvement. Des exemples concrets de militants illustrent la maîtrise des rouages électoraux par les acteurs conservateurs.*

Introduction

« *Polarization is not the right word. It's political war*[1] ». Le niveau de polarisation qui caractérise le paysage politique américain aujourd'hui est tel, et en

* Agnès Trouillet est Attachée temporaire d'enseignement et de recherche en Civilisation britannique économique à l'Université Paris 3 Sorbonne Nouvelle et membre du laboratoire CREW. Ses recherches portent sur l'histoire politique, contemporaine et à la période coloniale, et plus particulièrement sur la Pennsylvanie. Elle travaille sur les questions de gouvernement local, d'organisation et de participation citoyenne. Sa thèse intitulée « Le mouvement Tea Party 2009-2017 : résultat d'une enquête en immersion à Philadelphie et à Boston » (2017) utilise une approche combinant histoire, sociologie et science politique. Elle a publié sur le site de la Société française d'étude du XVIIIe siècle un article sur les Comités de correspondance comme outil politique dans les colonies américaines (2013). Elle s'intéresse à la division en unités (géographiques, administratives, fiscales, électorales et politiques) comme génératrice de pouvoir et au rapport entre délimitation de zones spécifiques et exercice concret du pouvoir électoral et politique. Son projet actuel est consacré à l'influence exercée aux échelons local et micro-local, ainsi qu'au rôle de la cartographie comme instrument de contrôle.

1 Voir l'interview de Bob Woodward à propos de son ouvrage *Fear: Trump in the White House*, New York, Simon & Schuster, 2018, par David Smith, « Too many people are emotionally unhinged about Trump », *The Guardian*, 14 septembre 2018.

particulier au sein du Parti républicain, que certains experts n'hésitent pas à parler de « guerre politique ». Le camp républicain modéré tente, sans succès, de résister aux efforts de son aile conservatrice pour tirer le programme du parti toujours plus vers la droite, l'arrivée de Donald Trump à la présidence en 2016 n'ayant fait qu'accentuer ces clivages. Le rôle du mouvement Tea Party dans cette radicalisation est indéniable, comme le démontre une étude de la revue de science politique *Political Research Quarterly* selon laquelle le glissement vers la droite observé entre 2011 et 2015 chez les législateurs affiliés au mouvement n'est comparable à aucun autre, ni dans les caucus conservateurs, ni parmi les élus Républicains défendant des idéologies semblables et représentant des circonscriptions similaires[2]. Selon une autre étude, les programmes législatifs proposés au Sénat, notamment les projets de loi, les motions (*resolution*) et les co-parrainages (*co-sponsorhip*) sont également révélateurs de l'impact du mouvement sur le Congrès fédéral : le Tea Party a poussé les sénateurs républicains à se concentrer davantage sur les questions de conservatisme fiscal, induisant plus largement des effets sur la House Republican Conference, le groupe parlementaire républicain à la Chambre basse du Congrès fédéral[3]. L'influence du Tea Party sur le débat politique et sa responsabilité dans des crises à répétition, notamment en 2011 et 2013 avec l'arrêt partiel des activités gouvernementales ont été analysées par les spécialistes de science politique et de sociologie. Les études soulignent la construction du mouvement autour d'un socle idéologique conservateur et libertarien justifiant ses revendications pour une intervention limitée de l'État fédéral, des baisses d'impôts et la réduction des dépenses publiques[4].

....

2 Jordan M. Ragusa, Anthony Gaspar, « Where's the Tea Party? An Examination of the Tea Party's Voting Behavior in the House of Representatives », *Political Research Quarterly*, vol. 69, n° 2, avril 2016, p. 361-372. Le constat porte sur les législateurs affiliés au groupe parlementaire *Tea Party Caucus* pendant les 112e et 113e Congrès des États-Unis, par comparaison avec les autres caucus conservateurs, y compris le Liberty Caucus et le Republican Study Committee (présentés ci-après).

3 Carly Schmitt, Chera LaForge, Hanna K. Brant, « Drinking the Tea: The Tea Party Movement and Legislative Agendas in the U.S. Senate », *Congress & the Presidency*, vol. 46, n° 1, janvier 2019, p. 60-68.

4 Les analyses mettent en exergue les différents courants idéologiques et croyances dont s'inspire le Tea Party : libertarien (Zernike), conservateur et néo-conservateur (Skocpol), populiste de droite et anti-élites (Godet, Meyer), ultra-conservateur voire réactionnaire (Parker), sentiment identitaire dicté par des critères raciaux (Rosenthal) ; et soulignent diverses dimensions : caractère antifiscal (Huret), rôle des organisations et médias conservateurs (Skocpol), mouvement social et politique (Meyer, Rosenthal). Voir Kate Zernike, *Boiling Mad : Inside Tea Party America*, New York, Times Books, 2010 ; Theda Skocpol, Vanessa Williamson, *The Tea Party and the Remaking of Republican Conservatism*, New York, Oxford University Press, 2012 ; Christine Trost, Lawrence Rosenthal, dir. *Steep : The Precipitous Rise of the Tea Party*, Berkeley et Los Angeles, University of California Press, 2012 ; Christopher S. Parker, Matt A. Barreto, *Change They Can't Believe In : The Tea Party and Reactionary Politics in America*, Princeton, Princeton University Press, 2013 ; Nella Van Dyke, David S. Meyer, dir. *Understanding the Tea Party Movement – The Mobilization Series on Social Movements, Protest, and Culture*, Farnham, Ashgate Publishing, 2014. Pour les experts français, voir Aurélie Godet, *Le Tea Party : Portrait d'une Amérique*

La dimension idéologique libertarienne est fondamentale pour appréhender le mouvement, qui justifie toutes ses demandes au nom de la liberté individuelle ; c'est cependant l'idéologie conservatrice qui domine et les actions du mouvement Tea Party ont pour objectif la redéfinition du Parti républicain afin de représenter les intérêts des conservateurs radicaux (conservatisme fiscal, social ou constitutionnel)[5]. Ce postulat est notamment celui de Skocpol et Williamson, qui ont montré comment le mouvement noyaute le parti en occupant des postes à tous les niveaux de gouvernement, fédéral, d'État et local[6]. Il n'a jamais été question pour le Tea Party de devenir un parti à proprement parler, mais bien d'agir essentiellement comme force d'opposition, par le truchement de groupes parlementaires soutenus par un lobbying et un militantisme *grassroots* permanents. Le mouvement agit ainsi comme une véritable faction politique, au sens d'un groupe politique qui exerce une lutte d'influence au sein d'un ensemble plus large, en l'occurrence le Parti républicain.

À partir de 2015, c'est le Freedom Caucus qui représente au Congrès les intérêts du mouvement, et plus largement des conservateurs, obligeant le parti à donner des coups de barre à droite sur des questions comme l'immigration, l'assurance maladie ou le budget. Malgré des convictions idéologiques qui demeurent floues, se déclarant tantôt favorable ou opposé à la couverture médicale universelle, l'interdiction des fusils d'assaut, ou encore l'accueil des réfugiés syriens, Trump écoute les demandes des conservateurs. En dehors du Parti républicain, il est sensible aux pressions exercées par diverses organisations qui œuvrent pour tirer le programme républicain vers les extrêmes : sortie des États-Unis de l'accord de Paris sur le climat, confirmation de juges conservateurs à la Cour suprême fédérale, déclarations anti-avortement. Fin 2017, le *think tank* conservateur Heritage Foundation notait d'ailleurs que l'administration Trump avait mis en œuvre 64 % des 334 recommandations de son moratoire sur la limitation des pouvoirs de l'État fédéral, la relance de l'économie et la

désorientée, Paris, Vendémiaire, 2012, et Romain Huret, *American Tax Resisters*, Cambridge, Harvard University Press, 2014.

5 Les conservateurs américains défendent l'économie de marché, une intervention limitée de l'État fédéral et le maintien de l'ordre établi (social et culturel). Les « libertariens » (au sens étatsunien) rejettent toute forme d'interventionnisme dans les domaines économique, social ou de politique étrangère, et se distinguent des conservateurs par leur progressisme sur les questions sociales (liberté religieuse, avortement, mariage homosexuel) et le soutien de politiques migratoires peu restrictives. Sur le libertarianisme, voir les travaux du politologue Sébastien Caré, notamment *Les libertariens aux États-Unis : Sociologie d'un mouvement asocial*. Rennes, Presses Universitaires de Rennes, Res Publica, 2010.

6 Skocpol et Williamson *The Tea Party and the Remaking of Republican Conservatism*, *op. cit.*

protection des intérêts nationaux[7]. La nébuleuse Tea Party est emblématique de ces myriades d'organisations opérant aux niveaux national, fédéré, local et micro-local, fonctionnant en réseaux plus ou moins imbriqués dans lesquels les acteurs passent d'un groupe à l'autre et les dirigeants se retrouvent partout (les fondateurs de l'organisation nationale Tea Party Patriots sont par exemple membres du groupe Conservative Action Project créé en 2008).

Cet article est le produit d'une recherche plus large sur le Tea Party en tant que mouvement social et politique. L'analyse s'inscrit dans le champ de la sociologie des mouvements sociaux et se base en particulier sur les théories de la mobilisation des ressources afin de comprendre comment le mouvement s'organise pour atteindre des objectifs précis, en suivant un programme politique visant le long terme, et sur le modèle de l'opportunisme structurel qui pose que la réussite et l'échec des mouvements sociaux sont principalement affectés par les opportunités politiques[8]. Cette recherche mobilise également le cadre théorique de l'organisation, considérée en tant que structure organisationnelle et comme action d'organiser. La structure sans leader (*leaderless*) du mouvement est en effet l'une de ses particularités, de même que son horizontalité qui laisse une marge de manœuvre importante aux groupes locaux mais présente le risque d'un manque de cohésion et d'un défaut de leadership, raison pour laquelle des organisations nationales comme Tea Party Patriots cherchent à s'imposer comme fédératrices[9].

D'un point de vue méthodologique, l'article se fonde sur une étude de terrain menée auprès de groupes locaux en Pennsylvanie et dans le Massachussetts de 2012 à 2017[10], afin d'appréhender la dimension *grassroots* du mouvement

7 Tommy Binion, « The Incredible Trump Agenda – What Most Americans Don't Know About the War the President Has Waged », *The Heritage Foundation*, 5 mars 2018.

8 Voir en particulier Doug McAdam, John McCarthy, Mayer N. Zald, dir. *Comparative Perspectives on Social Movements. Political Opportunities, Mobilizing Structures, and Cultural Framings*, Cambridge, Cambridge University Press, 1996 ; Charles Tilly, Sidney Tarrow, *Contentious Politics*, New York, Oxford University Press, 2nd éd. 2015 [2006] ; et David S. Meyer, *The Politics of Protest: Social Movements in America*, Oxford, Oxford University Press, 2e éd., 2015 [2007]. Par « mouvement social », on entendra ici « les formes d'action collective concertée en faveur d'une cause », en précisant qu'un mouvement « fait appel aux autorités politiques (gouvernement, administrations) pour apporter, par une intervention publique, la réponse à une revendication » et leur impute la responsabilité des problèmes qui sont à l'origine de la mobilisation. Voir Érik Neveu, *Sociologie des mouvements sociaux*, 6e éd., Paris, La Découverte, 2015, p. 10-15.

9 Voir Aurélie Godet, « The (Seeming) Power of (Seemingly) Leaderless Organizations : The Tea Party Movement as a Case Study », in Agnès Alexandre-Collier, François Vergniolle de Chantal, dir., *Leadership and Uncertainty Management in Politics : Leaders, Followers and Constraints in Western Democracies*, London, Palgrave Macmillan, 2015.

10 Agnès Trouillet, « Le mouvement Tea Party 2009-2017 : résultat d'une enquête en immersion, à Philadelphie et à Boston », thèse de doctorat, Langue et cultures des sociétés anglophones, Université Paris 7 Diderot, LARCA-UMR 8225, 2017. Les entretiens et les archives personnelles

selon une approche relevant de l'anthropologie politique[11]. Il s'agit d'une analyse essentiellement qualitative, à partir de questionnaires et d'entretiens dirigés et semi-dirigés construits de manière personnelle et menés pendant des réunions et événements officiels (défilé du 4 juillet, manifestations antifiscales), lors d'actions militantes ciblées (distribution de prospectus de campagne, de tracts devant les bureaux de vote), mais également lors de rencontres personnelles, au domicile même de certains militants.

Le mouvement Tea Party n'existe plus aujourd'hui sous la forme qui l'a rendu célèbre, et l'expression fait désormais davantage référence aux acteurs conservateurs positionnés à l'extrême du spectre politique. Certains groupes sont cependant restés actifs (quatre de mes sept échantillons), et des militants ont rejoint diverses organisations afin de poursuivre leur action. Plus largement cependant, il s'agit d'observer la façon dont le Parti républicain doit composer avec son aile ultra-conservatrice. C'est pourquoi cet article met en lumière les groupes conservateurs œuvrant au sein et en dehors du parti, ainsi que les stratégies qu'ils mettent en place pour influencer la législation. Dans une première partie, il sera dans un premier temps question du Freedom Caucus, dont le poids au sein du parti républicain est indéniable. Seront ensuite évoquées les organisations militantes, dont les groupes Tea Party, ainsi que l'influence qu'elles exercent sur la sphère politique, notamment grâce aux spécificités de leur statut fiscal. Enfin, l'influence continue de la droite religieuse depuis les années 1980 sera rappelée et analysée. La deuxième partie de l'article portera sur les stratégies auxquelles ces organisations recourent pour infiltrer le Parti républicain, notamment la focalisation sur les primaires et sur les niveaux local et micro-local. Des exemples tirés de mon terrain en Pennsylvanie permettront d'illustrer les forces en présence et d'évaluer l'efficacité de ces stratégies[12].

cités dans cet article renvoient aux éléments bibliographiques de la thèse pour les éléments antérieurs au mois de novembre 2017, et aux archives personnelles de l'auteur pour les éléments postérieurs à cette date.

11 Dans l'approche anthropologique, le sociologue participe aux activités de la communauté qu'il étudie (dans mon cas des groupes locaux Tea Party) et échange de longues conversations avec ses membres.

12 Particulièrement intéressante lorsqu'on étudie les dynamiques électorales contemporaines, la Pennsylvanie est un État pivot (« *swing state* ») qui peut faire basculer le résultat du vote final lors des présidentielles. Longtemps dominée par les Républicains, la Pennsylvanie penche davantage vers les Démocrates depuis les années 2000, et Barack Obama a remporté l'État en 2008 et en 2012. En 2016, elle a joué un rôle déterminant dans la victoire de Donald Trump contre Hillary Clinton au terme d'un scrutin extrêmement serré (48,8 % contre 47,7 %).

Les principaux acteurs de la nébuleuse conservatrice œuvrant au sein et en dehors du Parti républicain, et leurs interactions aux échelles fédérale et locale

Le Freedom Caucus, faction politique dans la lignée du Tea Party Caucus

Véritable faction au sein du Parti républicain, le Freedom Caucus est composé de législateurs très conservateurs et libertariens, sympathisants des causes défendues par le Tea Party (intervention limitée de l'État fédéral, conservatisme fiscal et liberté individuelle), voire revendiquant son étiquette. Notoirement opposé aux dirigeants du parti et connu pour son refus du compromis, le *caucus* a plusieurs fois obligé les Républicains à céder aux demandes des conservateurs, sur les questions d'immigration, la réforme de l'assurance maladie ou le contrôle des armes à feu. Cette stratégie de blocage rappelle celle du Tea Party, connu pour son opposition systématique à toute législation jugée insuffisamment radicale ; en nombre de lois votées (respectivement 283 et 296), les 112e et 113e Congrès ont été les moins productifs depuis les années 1970[13]. Le Freedom Caucus représente au Congrès les intérêts du mouvement et ceux des conservateurs en général. Le groupe s'inscrit d'ailleurs dans la continuité du Tea Party Caucus, fondé en 2010 à l'initiative du libertarien Rand Paul en coordination avec le mouvement Tea Party pour défendre l'intervention limitée de l'État fédéral, le respect de la Constitution, les questions de conservatisme social ou encore le port d'armes. Bien que quasiment inactif aujourd'hui, l'influence du Tea Party Caucus a été forte sous la présidence Obama, surtout proportionnellement au nombre de ses membres. Ses votes se sont avérés décisifs entre 2010 et 2014 pour le vote du budget et son absence totale de compromis entraînant à deux reprises une situation de blocage lors de négociations pour relever le plafond légal de la dette américaine. En août 2011, à quelques jours du défaut de paiement et de l'arrêt partiel des activités gouvernementales (*government shutdown*), le Tea Party Caucus a conditionné son accord à une réduction drastique du budget fédéral et en 2014, le bras de fer budgétaire a conduit à seize jours de *shutdown*. En outre, les votes partisans ont augmenté depuis sa création, et ce, des deux côtés de l'échiquier politique[14]. Ses membres œuvrent désormais principalement au sein du Freedom Caucus et du Liberty Caucus, un autre groupe conservateur davantage orienté sur l'idéologie libertarienne défendant liberté économique et individuelle, et respect de la Constitution.

13 Sans compter le Congrès actuel. Voir les statistiques sur les votes du Congrès fédéral proposées par le site Voteview.com.

14 Tom Cohen, « 5 Years Later, Here's How the Tea Party Changed Politics », *CNN*, 28 février 2014.

En janvier 2015, neuf Républicains parmi les plus radicaux fondent le Freedom Caucus pour défendre les revendications conservatrices, en particulier celle d'un État fédéral minimal. Ils invitent une trentaine de législateurs à les rejoindre, chiffre crucial sachant qu'à partir de vingt-neuf membres, un groupe parlementaire peut bloquer la majorité nécessaire pour légiférer à la Chambre basse[15]. Le *caucus* encourage les Républicains de la base à faire pression sur les leaders du parti pour que ces derniers adoptent des positions plus conservatrices, ce en quoi il se révèle une alternative au groupe parlementaire Republican Study Committee (RSC) créé en 1973 avec l'objectif de déplacer le programme du leadership républicain davantage à droite sur le spectre politique. De nombreux législateurs pensent que le RSC a dévié de sa mission de départ et représente désormais l'*establishment* du parti[16]. Les membres du *caucus* travaillent avec le mouvement Tea Party, et l'exemple le plus emblématique de cette collaboration est la campagne menée en 2015 pour obtenir le départ de John Boehner, le président de la Chambre basse (*speaker*). C'est en effet Mark Meadows, président du *caucus* jusqu'en octobre 2019 qui est à l'origine de cette initiative largement soutenue par le mouvement, en particulier par l'organisation nationale Tea Party Patriots qui a œuvré de façon très agressive pendant plus d'un an[17]. En septembre 2015, Boehner démissionne non seulement de sa position de *speaker*, mais aussi de son poste au Congrès fédéral où il représentait l'Ohio depuis 1991. Le mouvement n'a pas hésité à évincer celui qu'il avait contribué à faire élire cinq ans auparavant, démontrant qu'il sanctionne les élus qu'il juge s'être écartés de leurs principes[18].

Autre illustration des liens avec le mouvement, Tim Huelskamp, élu en pleine vague Tea Party comme représentant du Kansas au Congrès fédéral, qui devient président du Tea Party Caucus en février 2015, et dont les positions conservatrices sociales ancrées lui valent le plus mauvais classement bipartisan des membres de la Chambre durant le 114e Congrès[19]. Son élection en décembre 2015 au Comité directeur républicain de la Chambre (House GOP Steering Committee) est

15 Le Freedom Caucus fonctionne uniquement par parrainage et la liste exhaustive des membres n'est pas disponible. En plus des représentants mentionnés dans ce paragraphe, on peut citer notamment David Brat (Virginie), Jim Bridenstine (Oklahoma), Jeff Duncan (Caroline du Sud), Mark Sanford (Caroline du Sud), et parmi les fondateurs Scott Garrett (New Jersey) et Scott Perry (Pennsylvanie).

16 Steve Benen, « House Freedom Caucus members move from the fringe to power », Rachel Maddow Show, *MSNBC*, 13 février 2020.

17 Voir les messages électroniques envoyés par l'organisation nationale entre l'été 2014 et septembre 2015 pour soutenir la campagne « *Fire the Speaker* ». Archives personnelles.

18 John Boehner avait été l'un des premiers à voir dans le mouvement une opportunité d'élargir la base électorale et militante du parti, et les groupes Tea Party situés dans l'Ohio avaient joué un rôle prépondérant lors de sa campagne.

19 The Lugar Center - McCourt School Bipartisan Index-144th Congress, McCourt School of Public Policy, Georgetown University, thelugarcenter.org.

décrite comme une victoire colossale contre l'*establishment* par la présidente de l'organisation nationale Tea Party Patriots, Jenny Beth Martin. Justin Amash (fondateur et président du Liberty Caucus) est élu en pleine vague Tea Party avec plus de 59,7 % des voix pour représenter le Michigan au Congrès fédéral, et reconduit à quatre reprises, participe à la campagne contre Boehner et est connu pour s'opposer systématiquement à toute tentative de protection de l'environnement ou de régulation du secteur financier—ses votes obtiennent un score parfait de 100 % auprès du Club for Growth. D'autres membres soutiennent le mouvement depuis son émergence, comme Matt Salmon, représentant de l'Arizona et co-fondateur du *caucus* qui a travaillé avec Diana Reimer, fondatrice du Tea Party en Pennsylvanie et coordinatrice de l'organisation Tea Party Patriots pour cet État. Il l'accompagnait par exemple lors de campagnes d'incitation au vote ou intervenait lors de formations proposées aux groupes locaux par l'organisation nationale[20]. Raúl Labrador, représentant de l'Idaho a également fait campagne sous la bannière Tea Party pour l'élection au poste de chef de la majorité au Congrès en 2014.

Le Freedom Caucus a d'abord travaillé sur le projet de loi concernant la sécurité aux frontières, en proposant le renforcement des mesures sécuritaires et l'arrêt du financement des « villes sanctuaires » (*sanctuary cities*), qui appliquent une politique de protection des immigrés sans-papiers. Les questions d'immigration sont au cœur des préoccupations du Tea Party, et plus généralement des Républicains conservateurs *grassroots* qui constituent également la base du *caucus*. Mais c'est en mars 2017 que le groupe a démontré son poids au sein du parti, lors des négociations sur la réforme de l'*Affordable Care Act*, la loi phare du président Obama sur l'assurance-maladie votée en 2010. La Maison-Blanche et le *speaker* Paul Ryan, l'auteur du projet de réforme, ont préféré le retirer par crainte de le voir échouer à la Chambre basse. Les conservateurs du *caucus* réclamaient une réforme plus agressive[21], permettant notamment de démanteler la réglementation fédérale sur les produits d'assurance afin de réduire les coûts de l'assurance maladie, condition *sine qua non* pour accorder leur voix. Les leaders républicains à la Chambre ont dû céder face à cette rébellion au sein même de leur parti – or, il ne manquait que 10 à 15 voix, ce qui montre bien la capacité de blocage du groupe. C'est un échec cuisant pour les Républicains qui promettaient d'abroger « *Obamacare* » depuis sept ans. Il met

20 Voir Entretien « Philadelphia Tea Party Patriots-Landsdale-Diana-4 novembre 2012 » dans la bibliographie.

21 La loi prévoyait pourtant d'abroger les pénalités pour les personnes ne contractant pas de couverture médicale et de limiter les dépenses pour Medicaid, le programme fédéral et fédéré qui couvre plus de 70 millions d'Américains.

au jour les lignes de faille entre les revendications ultra-conservatrices du *caucus* et les positions du président Trump jugées trop « molles », comme la défense du planning familial ou, en cas d'avortement illégal, la sanction des médecins qui le pratiquent et non des femmes qui y recourent. Quelques semaines plus tard, le groupe obtient le véto de Trump contre un accord sur le budget passé entre le *speaker* Ryan, le chef de la majorité au Sénat Mitch McConnell et les Démocrates, et le président propose ensuite peu de mesures susceptibles de provoquer la résistance du *caucus*. Il se rétracte par exemple après avoir évoqué un éventuel soutien au contrôle des armes à feu après la fusillade de Parkland en Floride en février 2018, mettant désormais l'accent sur la question du déséquilibre mental chez les auteurs des crimes. Ses relations avec le groupe témoignent de l'influence grandissante de ce dernier : alors que Trump avait « déclaré la guerre » aux conservateurs du *caucus* en 2017, un an plus tard il chante leurs louanges[22]. Il envisage même de nommer Mark Meadows pour remplacer son chef de cabinet (*chief of staff*) en 2019[23]. L'un des fondateurs du *caucus*, le représentant de Caroline du Nord est à l'origine de la campagne contre Boehner en 2015 et il entretient des relations difficiles avec le parti, qui ne font qu'empirer lorsqu'il devient président du groupe en 2016. S'il est considéré comme l'un des plus proches alliés de Trump au Congrès en 2018, c'est parce qu'il a obtenu les votes du *caucus* nécessaires pour la réforme, s'imposant comme celui qui dompte les rebelles au sein du camp républicain. C'est aussi lui qui encourage le *caucus* à soutenir Trump contre les accusations d'ingérence de la Russie pendant la campagne électorale de 2016. Il attaque l'équipe du procureur spécial Robert Mueller chargé de l'enquête, avec deux autres fondateurs du groupe, Ron DeSantis, représentant de Floride et Jim Jordan, représentant de l'Ohio et premier président du *caucus* auxquels Trump témoigne sa reconnaissance en les soutenant dans leur campagne, respectivement pour le poste de gouverneur de Floride et pour le poste de *speaker*. Si l'on considère les relations épineuses entre le Parti républicain et le mouvement depuis son émergence, le Freedom Caucus incarne en quelque sorte une « alliance réussie » pour le mouvement, même si les rapports demeurent dans l'ensemble ambigus entre l'*establishment* républicain et la frange radicale du parti.

22 Glenn Thrush, Jonathan Martin, « 'We Must Fight Them': Trump Goes After Conservatives of Freedom Caucus », *The New York Times*, 30 mars 2017 ; et voir l'original « *The Republicans — look, we have some absolute warriors... Jim Jordan and Mark Meadows and Matt Gaetz and DeSantis* » dans Perry Bacon Jr., « How The Freedom Caucus Learned To Love Trump », *FiveThirtyEight*, 31 juillet 2018.

23 Mick Mulvaney, représentant de Caroline du Sud et co-fondateur du Freedom Caucus, occupa cette fonction par intérim de janvier 2019 à avril 2020, avant que Mark Meadows ne lui succède.

Les organisations militantes conservatrices : le rôle crucial des associations à but non lucratif

L'administration Trump est également sensible aux pressions exercées par des organisations comme Americans for Limited Government, Heritage Foundation ou Judicial Watch, qui critiquent les mesures politiques de l'administration. D'autres comme FreedomWorks, Americans for Prosperity, Americans for Tax Reform, Tea Party Express ou la Chambre de commerce des États-Unis auxquelles le Freedom Caucus et le Liberty Caucus sont directement affiliés, comptent parmi les groupes de pression et *think tanks* bien implantés au niveau national qui ont fait profiter le Tea Party de ressources sans précédent dès son émergence, justifiant sa description comme mouvement *top-down*, c'est-à-dire alimenté selon un flux descendant par les organisations situées au niveau supérieur[24]. En échange, les groupes locaux de la base fournissent l'énergie humaine nécessaire pour mener l'action militante, faisant fonctionner le mouvement selon une direction *bottom*-up, de bas en haut. Servant de relais entre les deux, au niveau étatique ou local : d'autres organisations conservatrices, libertariennes, religieuses ou de défense de la Constitution, ou des organisations Tea Party. La première organisation à avoir soutenu le Tea Party est FreedomWorks, son président Dick Armey y voyant un vivier de militants[25]. C'est son directeur de la communication Brendan Steinhauser qui est responsable de la conversion des *Tea Partiers* en véritables « *organizers* » selon les théories d'Alinsky[26]. Souhaitant créer des organisations de droite « encore plus puissantes que les organisations de gauche », il s'inspire notamment des stratégies de campagne du candidat Obama, et organise le rassemblement Tea Party antifiscal du 12 septembre 2009 à Washington en collaboration avec l'organisation Americans for Tax Reform et l'organisation 9-12 Project créée pour l'occasion par l'animateur conservateur Glenn Beck. Autre pilote du mouvement, le groupe d'intérêts conservateurs Americans for Prosperity présidé par le stratège républicain Tim Phillips. Le groupe comporte des branches locales et propose sur son site internet un module spécifique pour l'action politique en Pennsylvanie (augmentation des impôts, taxe sur les cigarettes mise en place par le gouverneur Wolf, privatisation de la vente d'alcool). L'accent est mis sur le gouvernement local (fonctionnement des conseils d'établissement et des commissions de comté, impact des assemblées

24 Voir notamment Van Dyke et Meyer, *Understanding the Tea Party Movement, op. cit.*

25 Dick Armey était le bras droit de Newt Gingrich, président de la Chambre basse et architecte du renouveau conservateur dans les années 1990. Il est remplacé en 2012 par Matt Kibbe, ancien économiste pour le Comité national républicain (*Republican National Committee*).

26 Fondateur du « *community organizing* » (organisation communautaire), Saul Alinsky préconisait dans son ouvrage *Rules for Radicals* de créer des « organisations populaires » pour faciliter la mobilisation des individus.

d'État) et les militants sont encouragés à faire campagne sur des postes à ce niveau. L'organisation American Majority dit contribuer à instaurer « la nouvelle infrastructure politique conservatrice *grassroots* de la nation » à tous les niveaux de gouvernement. Spécialiste des formations, l'organisation propose sur son site internet des modules destinés aux étudiants (création d'organisation, dialogue avec des camarades de classe progressistes, formation aux stratégies de campagne), mais aussi un système de signature de pétition calqué sur celui de l'organisation progressiste MoveOn.org – l'organisation est à l'origine de la campagne menée sur internet contre Boehner. Pour permettre aux plus novices de passer à l'action, les sites de ces organisations proposent aussi des boîtes à outils (*toolkits*) concernant l'immigration, l'administration fiscale, la couverture maladie, l'éducation, la Cour suprême et la Déclaration des droits (*Bill of Rights*).

Bien qu'il s'agisse là d'associations à but non lucratif, le statut fiscal de ces organisations leur permet d'exercer une influence considérable dans la sphère politique. Les organisations d'envergure nationale fonctionnent le plus souvent en tandem, avec une branche de statut 501c3 qui interdit l'activité politique mais dont les contributions sont exonérées d'impôts, et un « bras politique » de statut 501c4 ou un comité d'action politique (PAC, voire Super PAC)[27]. FreedomWorks a ainsi créé le Super PAC FreedomWorks for America, avec l'objectif d'« autonomiser la communauté sans leader et décentralisée du mouvement Tea Party » (*empower the leaderless, decentralized community of the tea party movement*), et Americans for Prosperity (501c4) fonctionne en binôme avec Americans for Prosperity Foundation (501c3)[28].

L'organisation nationale Tea Party Patriots a créé le Super PAC Tea Party Patriots Citizens Fund, en revanche très peu de groupes Tea Party locaux ont demandé l'exonération fiscale compte tenu de la complexité et du coût des démarches. Ils fonctionnent pour leur majorité en associations de fait, un statut qui leur donne paradoxalement une plus grande marge de manœuvre puisqu'ils n'ont aucun compte à rendre. Les 501c4 ne peuvent pas soutenir de candidat spécifique (*endorsement*) mais peuvent soutenir des thèmes politiques, et n'ont pas à divulguer l'identité de leurs contributeurs contrairement aux PAC et Super PAC. C'est pourquoi elles leur sont préférées. Le rôle des groupes 501c4, considérés comme « indépendants » ou « extérieurs » (*outside spending groups*) du fait qu'ils ne sont liés à aucun candidat spécifique dans le financement des campagnes électorales, est désormais notoire. Déjà pendant le cycle électoral de 2012, les dépenses

27 501c est l'alinéa de l'article 501 du code fédéral des impôts américain, qui couvre les associations ou organisations à but non lucratif exemptés de certains impôts fédéraux.

28 Voir le site du Super PAC FreedomWorks for America : https://freedomworksforamerica.org/.

d'Americans for Prosperity avaient ainsi dépassé celles de tous les Super PAC réunis[29]. L'organisation se targue de contributions provenant de plus de 90 000 donateurs répartis dans tous les États-Unis, or les frères Koch, les magnats du pétrole qui soutiennent des causes libertariennes et conservatrices font partie de ses contributeurs majeurs[30]. Même si leur contribution exacte est impossible à déterminer car ils défendent l'anonymat de leurs dons au nom du premier article de la Constitution américaine, l'influence des organisations qu'ils ont fondées ou auxquelles ils contribuent n'est plus à démontrer, qu'il s'agisse des campagnes électorales ou de la législation[31]. Americans for Prosperity a ainsi été l'un des principaux groupes indépendants à cibler la réforme du système de couverture maladie de l'administration Obama, et avait déjà prévu au printemps 2014 de dépenser 125 millions de dollars dans des opérations de soutien aux conservateurs, un montant sans précédent pour un groupe politique privé en année de mi-mandat.

Autres organisations à but non lucratif, les *thinks tanks* Heritage Foundation et Cato Institute. Le premier prône des politiques publiques conservatrices, fiscales, sociales, une défense nationale forte, et affiche explicitement son objectif culturel et une lecture « originaliste » de la Constitution (c'est-à-dire conforme à son sens originel à l'époque de son adoption). Il a soutenu le mouvement Tea Party – Jim DeMint a démissionné en 2013 du Sénat où il représentait la Caroline du Sud pour en prendre la tête, avant d'être démis de ses fonctions en 2017. Le second, créé en 1974 sous le nom Charles Koch Foundation, se concentre sur les politiques économiques et sociales. Depuis 2011, Heritage et Cato sont systématiquement classés parmi les *think tanks* les plus influents. En 2018, ils étaient classés respectivement 6e et 9e (sur 146) en termes d'impact sur les politiques économiques, 9e et 11e (sur 111) sur les politiques sociales, et 1er et 15e (sur 70) pour les politiques publiques[32]. Les deux institutions mettent en avant leur mission scientifique (trois instituts de recherche pour Heritage en 2019) sans orientation politique (*non-partisan*), ainsi que leur caractère indépendant—ils

29 Au 13 août 2012, le groupe avait dépensé presque 60 millions de dollars en publicités télévisées pour influencer la campagne présidentielle, dépassant tous les Super PAC réunis, mais aussi chacun des autres types d'organisations « extérieures », y compris PAC, partis politiques, syndicats et associations professionnelles. Voir Kim Barker, « Two Dark Money Groups Outspending All Super PACs Combined », *Pro Publica*, 13 août 2012.

30 FreedomWorks et Americans for Prosperity sont issues de la scission en 2003 du *think tank* Citizens for a Sound Economy, fondé en 1984 par les frères Koch. L'un d'eux, David, est décédé le 23 août 2019.

31 Cet anonymat explique la référence aux financements des groupes 501(c)4 par le terme « *dark money* » (« argent sombre » ou « argent anonyme »). Voir Jane Mayer, *Dark Money: The Hidden History of the Billionaires Behind the Rise of the Radical Right*, New York, Doubleday, 2016.

32 James G. McGann, « 2018 Global Go To Think Tank Index Report » (2019), TTCSP Global To Think Tank Index Reports, 16, https://repository.upenn.edu/think_tanks/16.

n'acceptent aucune subvention de l'État fédéral et sont financés à environ 80 % par des contributions provenant d'individus sollicités directement par courrier postal ou électronique.

Enfin, la Federalist Society est une organisation de statut 501c3 qui se concentre sur les questions juridiques et de politique publique. Elle est emblématique des organisations conservatrices qui visent à changer la direction de la loi américaine[33], notamment avec des décisions comme *Hobby Lobby*, le projet de loi « *Bathroom Bill* » ou les tentatives d'abrogation de l'arrêt *Roe v. Wade*[34]. Ces organisations œuvrent pour modifier la composition de la Cour suprême des États-Unis et infléchir la jurisprudence grâce à des campagnes financées par des groupes indépendants : 250 millions de dollars ont ainsi été investis pour la promotion de juges adhérant aux opinions judiciaires les plus conservatrices entre 2014 et 2017[35]. Une autre stratégie consiste à présenter à la Cour des mémoires *amicus curiae* (à titre d'intervenant désintéressé) pour garantir que les intérêts spéciaux soient représentés[36]. Pendant le mandat 2017-2018 du président de la Cour John Roberts, un bloc de juges conservateurs a ainsi voté 73 fois dans le sens des revendications ultra-conservatrices. Leurs stratégies rendent même impossible toute décision contraire, selon des sénateurs démocrates qui dénoncent la façon dont la NRA et la Federalist en particulier, ont attendu qu'il y ait à la Cour une majorité de juges républicains acquis à leur cause pour légiférer sur le contrôle des armes à feu[37] (opportunité qui s'est présentée avec le départ à la retraite du juge Anthony Kennedy et la confirmation de Brett Kavanaugh).

D'autres organisations font partie de cette nébuleuse, comme les incontournables CPAC, Values Voter Summit ou encore Family Research Council, ou d'autres créées lors de l'émergence du mouvement. Conservative Action Project, qui prône la défense du conservatisme fiscal et social, ou encore le port d'arme,

33 Michael Avery, Danielle McLaughlin, *The Federalist Society : How Conservatives Took the Law Back from Liberals*, Nashville, Vanderbilt University Press, 2013.

34 La décision *Burwell v. Hobby Lobby Stores, Inc.*, 573 U.S. (2014) rendue par la Cour suprême des États-Unis a autorisé pour la première fois les sociétés à refuser d'appliquer une loi en raison de motifs religieux. La « *bathroom bill* » est le surnom donné à la loi (*Public Facilities Privacy and Security Act*) votée par le gouverneur de Caroline du Nord le 23 mars 2016 interdisant aux individus l'utilisation de toilettes ne correspondant pas au sexe indiqué sur leur certificat de naissance. L'arrêt *Roe v. Wade* rendu en 1973 par la Cour suprême des États-Unis encadre la législation sur l'avortement.

35 C'est le vice-président de la Federalist Society Leonard Leo qui a fourni à Donald Trump la liste des juges potentiels parmi lesquels choisir ses candidats. Voir Robert O'Harrow, Shawn Boburg, « A Conservative Activist's Behind-the-Scenes Campaign to Remake the Nation's Courts », *Washington Post*, 21 mai 2019.

36 Un *amicus curiae* (« ami de la cour ») est un conseiller (personnalité ou organisme) officiellement impartial qui propose à la Cour des informations pouvant l'aider à trancher une affaire judiciaire.

37 *New York State Rifle & Pistol Association* v. *City of New York*, U.S. Court of Appeals for the Second Circuit 18-280, Dec. 2, 2019.

a été fondée par Edwin Meese III, ministre de la Justice (*Attorney General*) sous Reagan et défenseur des théories économiques « autrichiennes » du choix public (rôle minimal de l'État, libre régulation des marchés, imposition de règles constitutionnelles pour prévenir les « dérives » de l'État, par exemple en l'obligeant à équilibrer son budget). Parmi ses membres, on retrouve Jim DeMint et les figures d'organisations comme Americans for Tax Reform, FreedomWorks, Heritage Action for America, Club for Growth, Judicial Watch ou Citizens United. Jenny Beth Martin, présidente de Tea Party Patriots, Sal Russo, co-fondateur de Tea Party Express et Judson Phillips, fondateur de Tea Party Nation en font également partie.

Au niveau local, des organisations ont également été créées par des activistes conservateurs de longue date, comme Citizens Alliance of Pennsylvania qui travaille depuis 2009 sur les revendications importantes au niveau de l'État de Pennsylvanie (réforme du système des retraites, taxe sur le forage de gaz), et encourage les militants à se lancer en politique. Aujourd'hui, le mouvement Tea Party a largement périclité, même si quelques groupes locaux demeurent actifs pour relayer des informations, faire la promotion d'actions militantes ou soutenir des candidats. Le groupe Delaware County Patriots a par exemple soutenu des candidats pour des sièges à l'Assemblée d'État de Pennsylvanie : Rick Saccone pour le 18e district – l'élection en mars 2018 a fait grand bruit quand le Démocrate Connor Lamb l'a emporté avec une marge inférieure à 0,4 %, et Regina Scheerer pour le 165e district lors des primaires en avril 2018 ; et organisé en février 2019 une manifestation (*Re-energizing the Tea Party*). Le groupe Philadelphia Tea Party Patriots-Landsdale a soutenu Brian Fitzpatrick pour le poste de représentant du 8e district de Pennsylvanie au Congrès fédéral (élu en novembre 2018), et proposé des stages de formation à l'action militante (*Pennsylvania Trump Victory Leadership Initiative Training*) dans le cadre du lancement de la campagne républicaine pour 2020 (juillet 2019)[38]. Certains militants ont rejoint d'autres organisations, comme les présidents du groupe Philadelphia Tea Party Patriots-Landsdale qui travaillent avec la branche locale de l'organisation bipartisane Citizens for Self-Governance, créée par d'anciens membres de l'organisation Tea Party Patriots pour encourager les militants à s'« auto-gouverner » afin de garantir une réelle représentativité, ou avec l'organisation Convention of States créée en 2013, qui réclame une convention constitutionnelle en vertu de l'Article V de la Constitution[39].

38 Voir les messages électroniques envoyés par les groupes locaux et l'organisation nationale. Archives personnelles.

39 L'article V de la Constitution américaine confère aux États le pouvoir de convoquer une convention constitutionnelle afin de proposer des amendements à la Constitution – en l'occurrence ici

La Droite religieuse et la prise de contrôle de l'appareil partisan par noyautage à tous les niveaux de gouvernement

Dès 2015, certains groupes locaux en Pennsylvanie ont également rejoint la branche fédérée de l'organisation nationale Faith and Freedom Coalition. Créée lors de l'émergence du Tea Party, celle-ci compte au nombre des organisations de la droite religieuse, ou plus exactement chrétienne (*Religious Right* ou *Christian Right*), qui travaillent en relation étroite avec le mouvement et défendent des principes de conservatisme social. L'influence de la droite religieuse sur le paysage politique américain depuis plusieurs décennies est considérable, et elle est notamment parvenue à placer les questions liées à l'avortement au centre du débat politique. Cependant, les liens entretenus ne sont pas uniquement idéologiques car le Tea Party a recouru à des stratégies de mobilisation et électorales similaires pour atteindre le même objectif, à savoir noyauter le Parti républicain[40].

En 1979, Paul Weyrich, Richard Viguerie et le pasteur fondamentaliste Jerry Falwell (trois stratèges républicains ayant travaillé sur la campagne du sénateur Barry Goldwater en 1964) fondent l'organisation Moral Majority (Majorité morale). Leur objectif est de créer un nouveau réseau *grassroots* afin d'étendre la base électorale du Parti républicain. Des milliers de pasteurs de congrégations pentecôtistes et fondamentalistes sont mobilisés pour participer à des séminaires de formation politique, où on les convainc de « sauver, baptiser, et inscrire (les militants) sur les listes électorales » (*get them saved, get them baptized, and get them registered*)[41]. Au mois de juin 1980, plus de deux millions d'électeurs sont enregistrés – le but étant d'atteindre cinq millions avant les élections générales, où la nouvelle droite religieuse parvient à détrôner cinq des élus démocrates parmi les plus progressistes au Sénat des États-Unis, et à creuser l'écart nécessaire pour permettre à Ronald Reagan de battre Jimmy Carter. En 1988, Pat Robertson, le télévangéliste qui fondera un an plus tard l'organisation Christian Coalition se présente à l'investiture républicaine pour les présidentielles, et réussit à battre le Vice-Président George Bush Sr. dans les *caucus* républicains de l'Iowa – une victoire obtenue grâce au travail sans relâche des militants de

pour limiter l'intervention de l'État fédéral et imposer des restrictions fiscales. Il faut 34 États pour convoquer une convention, et 38 pour ratifier les amendements proposés le cas échéant. Voir le site de l'organisation *Convention of States* : https://conventionofstates.com/.

40 Le rôle de la droite religieuse dans la prise de contrôle de l'appareil partisan républicain est examiné par le projet TheocracyWatch, créé en 2000 par le Centre d'études de la religion, de l'éthique et des politiques sociales (Center for Religion, Ethics and Social Policy-CRESP) de l'Université de Cornell. Voir « Taking Over the Republican Party », theocracywatch, http://www.theocracywatch.org/taking_over.htm.

41 Voir la vidéo « Life and Liberty for All Who Believe » produite au début des années 1980 par l'organisation People for the American Way, https://www.youtube.com/watch?v=is_fhyhbAa4.

sa campagne électorale, qui œuvrent « circonscription par circonscription »[42]. George Bush Sr. remporte l'élection, et le mouvement de la Moral Majority se dissout en 1989, mais les tactiques mises en place pour prendre le contrôle des comités locaux du Parti républicain sont utilisées dans d'autres États au début des années 1990[43]. En 1992, des chrétiens conservateurs surgis de nulle part remportent ainsi des dizaines de sièges aux primaires de Pennsylvanie, et il s'en faut de peu qu'ils ne contrôlent le Parti républicain dans l'État – grâce à d'obscurs postes, notamment au sein des comités politiques locaux.

Primaire après primaire à travers le pays, les efforts organisationnels de la droite religieuse se révèlent payants, en grande partie grâce à la campagne de communication menée exclusivement auprès des églises de confession fondamentaliste, pentecôtiste et charismatique par celui qui deviendra le président de la Christian Coalition, Ralph Reed. En 1994, 40 millions de copies du « Guide de l'électeur » articulé autour des valeurs de la famille sont distribuées, et les Républicains prennent le contrôle du Congrès pour la première fois depuis quarante ans : sur 45 nouveaux élus à la Chambre du Congrès fédéral, et 9 au Sénat, la moitié environ sont des candidats de l'organisation, qui obtient par ailleurs un nombre considérable de sièges dans les assemblées d'État[44]. Les évangéliques contribuent à porter George W. Bush à la victoire aux élections de 2000 et 2004, et gagnent suffisamment de crédibilité pour s'imposer sur l'échiquier politique. Ralph Reed a démissionné de la Christian Coalition en 1997, puis c'est au tour de Robertson en 2001, mais les candidats soutenus par la droite religieuse sont désormais en poste au Congrès fédéral, dans les assemblées d'État, dans les cours de justice et dans les conseils d'établissement aux niveaux fédéré et local.

Aujourd'hui, les conservateurs sociaux entretiennent des alliances avec des organisations comme Faith and Freedom Coalition, créée en pleine vague Tea Party par Ralph Reed. Conçue comme une passerelle entre le mouvement Tea Party et les électeurs évangéliques, l'organisation prend rapidement de l'ampleur, avec des centaines de milliers de partisans et plusieurs centaines de branches locales. Sa conférence annuelle est le plus grand rassemblement national de militants conservateurs et religieux, et attire les grandes figures comme Newt Gingrich ou Karl Rove, les candidats de la plate-forme républicaine en 2012, ou encore Ted Cruz, Paul Ryan, Mitch McConnell, Kevin McCarthy et le président Trump. Pour les militants *grassroots*, la conférence est l'occasion de se former aux

42 « Taking Over the Republican Party », theocracywatch, *op. cit.*

43 Aux États-Unis, chaque parti est organisé en comités au niveau national, des États et des comtés.

44 Jusque-là majoritaires dans les deux chambres de 25 assemblées d'État (contre 8 pour les Républicains), en 1994 les Démocrates ne le sont plus que dans 18 États (contre 19).

tactiques électorales : inscription sur les listes, incitation au vote, utilisation des réseaux sociaux, mais aussi création d'organisations au niveau des circonscriptions (*building a precinct organization*), dont on vient d'évoquer l'importance. L'objectif est d'atteindre cinq millions de nouvelles inscriptions sur les listes électorales et dix-huit millions d'électeurs aux urnes en 2020, l'organisation ciblant en particulier treize États à forte majorité d'électeurs anti-avortement (*pro-life*) et conservateurs (respectivement 36 % et 44 % des électeurs en Pennsylvanie)[45]. Au 30 juillet 2019, plus de 100 millions de courriers d'information et 28 millions d'emails ont été envoyés, et 64 millions de billets publiés sur Facebook et Google[46]. Il est intéressant de noter que c'est Richard Viguerie qui a introduit l'utilisation des listes de diffusion pour la levée de fonds dans les années 1960 et 1970, se targuant d'avoir à l'époque encouragé la participation de 27 millions d'électeurs conservateurs et permis aux petits donateurs de financer les candidats de leur choix. En 2012, il interprétait l'échec de Mitt Romney contre Barack Obama comme un appel à la reconquête du Parti républicain et sa refondation en tant que parti du conservatisme constitutionnel et de l'État fédéral minimal[47]. Quant à Paul Weyrich, c'est lui qui, constatant la disparition de la Moral Majority en 1989, avait encouragé les intellectuels et les contributeurs conservateurs à créer des *think tanks*, des comités d'action politique et des groupes de pression (il a d'ailleurs cofondé le *think tank* Heritage Foundation). L'influence d'organisations comme la Moral Majority ou la Christian Coalition sur le Tea Party est aisément reconnaissable dans les stratégies électorales auxquelles le mouvement a recouru, parmi lesquelles l'utilisation des primaires, d'une redoutable efficacité.

Les stratégies mises en œuvre par les différents acteurs de la nébuleuse conservatrice

Les primaires nationales, point d'entrée pour les factions politiques

Composante-clé de la stratégie utilisée par la droite religieuse pour infiltrer le Parti républicain, les primaires constituent une opportunité politique que le Tea Party a mise à profit dès 2010 en faisant campagne sous la bannière républicaine. Véritable choc pour l'*establishment* du parti, les résultats du mouvement lui ont

45 Selon les résultats de l'étude « Religious Landscape Study » du Pew Research Center. Voir https://www.pewforum.org/religious-landscape-study/.

46 Voir « The 2020 Project Roadmap to Victory », *Faith and Freedom Coalition*, https://www.ffcoalition.com/the2020project/.

47 Voir la publication de Richard Viguerie sur son site, « The Battle to Takeover the GOP Begins Today », *ConservativeHQ*, 7 novembre 2012.

néanmoins permis de reprendre le contrôle du Congrès fédéral en infligeant une défaite colossale aux Démocrates[48]. Ce sont les caractéristiques spécifiques de ces élections (l'électorat très marqué idéologiquement qui vote dans les primaires est aussi très partisan) qui en font un point d'entrée pour les factions politiques désireuses de s'imposer, et leur offrent une plus grande marge de manœuvre pour imposer des lignes partisanes. Peu populaires, les primaires attirent par exemple un nombre d'électeurs bien moindre que les élections générales, en particulier en année d'élection présidentielle où la campagne nationale occupe le devant de la scène.

L'opportunité offerte par ces élections avait déjà été identifiée il y a plusieurs décennies par le politologue V.O. Key Jr. Depuis 2010 cependant, la tendance à détrôner des élus de l'*establishment* lors des primaires, surtout sur des sièges considérés comme acquis a pris tellement d'ampleur qu'on utilise désormais l'expression « *getting primaried* » pour désigner ce phénomène[49]. Être opposé à un membre de son propre parti politique dans une primaire constitue une prise de risque considérable pour un candidat, qui peut perdre le siège au profit du parti opposé. Ce scénario est largement découragé, et c'est pourquoi l'*establishment* républicain a vivement critiqué le Tea Party dont de nombreux candidats avaient réussi à s'imposer lors des primaires avant d'être battus lors de l'élection générale, un constat portant surtout sur le Sénat fédéral. Certains candidats désastreux ont certes porté préjudice au parti depuis 2010, mais le mouvement a par ailleurs aidé Ted Cruz, Marco Rubio, Rand Paul, Ron Johnson, Mike Lee et Pat Toomey à l'emporter, alors que certains candidats de l'*establishment* n'obtenaient aucun siège[50].

En 2014, les résultats du mouvement aux élections de mi-mandat ont été moins spectaculaires que ceux de 2010, mais les primaires ont démontré que la présence de candidats Tea Party était suffisante pour forcer l'*establishment* à prouver son positionnement idéologique. Ces résultats ont également confirmé l'impact des primaires sur ce qu'un parti est capable d'accomplir sur le plan législatif, les pressions partisanes influençant aussi les élus une fois en place dans

48 Les Républicains avaient remporté 64 sièges à la Chambre des représentants, 6 sièges supplémentaires au Sénat et le siège du *speaker*. En 2012, les résultats ont fait moins de bruit mais 68 des 83 candidats Tea Party ont remporté l'élection à la Chambre basse, soit plus de 80 % d'entre eux.

49 Robert G. Boatright, *Getting Primaried: The Changing Politics of Congressional Primary Challenges (Legislative Politics and Policy Making)*, Ann Arbor, University of Michigan Press, 2013.

50 Christine O'Donnell du Delaware, Richard Mourdock de l'Indiana et Todd Atkin du Missouri ont fait perdre des sièges au Parti en 2010 et 2012, mais les candidats de l'*establishment* Denny Rehberg, Heather Wilson, Rick Berg, Josh Mandel, George Allen, Tommy Thompson, Carly Fiorina et Dino Rossi ont également été battus.

leurs choix en matière de gouvernement. En 2014 par exemple, de nombreux Républicains souhaitaient faire passer une réforme de la législation sur l'immigration afin de courtiser l'électorat hispanique et ainsi obtenir des voix cruciales en vue de la campagne présidentielle. C'était le cas du sénateur Marco Rubio, auquel le Tea Party a ensuite retiré son soutien lors de la campagne pour l'investiture républicaine. L'exemple le plus notoire de la menace que constituent les primaires pour l'*establishment* républicain reste cependant la défaite cuisante d'Eric Cantor, le chef de la majorité (*majority leader*) en juin 2014. Assuré d'être réélu comme représentant de Virginie au Congrès fédéral, il est battu à plates coutures par David Brat, candidat totalement inconnu en politique qui n'avait rassemblé que 100 000 dollars, contre un million de dollars pour son adversaire. Comme de nombreux candidats labellisés Tea Party, Dave Brat avait fait campagne sur la réduction du « colossal » déficit américain, avait sévèrement attaqué l'*establishment* républicain et reproché à Cantor de vouloir négocier avec les Démocrates pour assouplir la législation concernant les immigrés clandestins. Cette défaite a eu des répercussions sur la hiérarchie du Parti républicain, non seulement en Virginie mais aussi à Washington, puisque Cantor était déjà considéré comme le successeur de Boehner sur le poste de *speaker* au moment de l'élection. Le Tea Party démontrait à nouveau son intransigeance avec les élus qui ne respectent pas leurs engagements ; Cantor faisait pourtant partie des « *young guns* », ces jeunes Républicains prometteurs que le mouvement avait encensés pour leurs positions conservatrices en 2010[51]. En 2015 encore, de nombreux élus sortants, pourtant réputés être de « vrais » conservateurs, en ont fait les frais. Renee Ellmers, représentante de Caroline du Nord élue en pleine vague Tea Party, a ainsi été critiquée pour avoir reporté une loi interdisant les avortements après vingt semaines, même si elle a fini par voter en faveur du texte. Largement battue par le candidat démocrate (53,4 %), elle est arrivée de justesse (avec 23,4 %) devant le candidat du Tea Party (23 %).

Les primaires mettent en exergue l'impact des factions conservatrices sur les dynamiques au sein du Parti républicain, et la polarisation qui en résulte ; la poussée conservatrice résultant des efforts du Tea Party depuis 2010 est d'ailleurs confirmée par le *Primaries Project*, une étude menée sur les primaires pour les sièges au Congrès fédéral en 2014 et en 2016[52]. Ainsi, en 2014, les candidats

51 Paul Ryan et Kevin McCarthy ont aussi été sanctionnés, le Tea Party s'opposant à leur succession au poste de John Boehner en 2015.

52 Créé en 2014, le *Primaries Project* est la première étude d'envergure sur les primaires au Congrès fédéral, portant sur les candidats qui se présentent à ces élections et sur l'électorat spécifique qui y participe. Voir Elaine Kamarck, « The Primaries Project: How the Tea Party is Winning While Losing », *Brookings Institution*, 4 août 2014 et Elaine Kamarck, Alexander Podkul, Nicholas W.

républicains associés au mouvement Tea Party (*Tea Party Republican*) étaient aussi nombreux que les candidats plus traditionnels (*Business/Establishment Republican*) et conservateurs (*Conservative Republican*)[53]. Lors des primaires du 5 au 9 août 2014 cependant, les Républicains conservateurs étaient plus nombreux que toutes les autres factions, montrant qu'ils se sentaient menacés par les candidats Tea Party et devaient prouver leur positionnement sur des thèmes comme *Obamacare*, l'immigration, les impôts ou l'avortement. À partir de 2016, il devient évident que les Républicains Tea Party et les Républicains conservateurs ne font plus qu'un. Certes, le nombre de candidats Tea Party a diminué de façon drastique (de 26,6 % à 9,11 % de tous les Républicains en lice) alors que le nombre de Républicains *Business/Establishment* est demeuré à peu près identique, mais le nombre de candidats conservateurs a quasiment doublé. Parmi les candidats Tea Party en 2014 encore en lice en 2016, seulement 30 % ont conservé l'étiquette alors que la moitié s'identifient désormais comme conservateurs, mais l'étude des thèmes et positionnements défendus de part et d'autre montre qu'il est difficile de distinguer les priorités de chaque groupe. Ceci témoigne de l'influence de l'aile radicale, et démontre que l'intitulé « conservateur » couvre désormais un éventail plus large, et situé encore plus à droite sur le spectre politique par rapport à la période du renouveau conservateur dans les années 1990[54].

L'étude confirme en outre le faible taux de participation, avec 18 % en moyenne dans les 80 circonscriptions où se jouaient des primaires contestées (pour les deux partis) en vue de l'investiture au Congrès fédéral, et seulement 10 % dans les 141 districts où les primaires étaient contestées au sein d'un seul parti, 2016 confirmant la tendance des années précédentes. Quant aux élections au niveau des États, elles présentent des tendances similaires, encore accrues dans ceux qui limitent les primaires aux électeurs inscrits à un parti – ce qu'on appelle les primaires « fermées ». C'est le cas en Pennsylvanie, où seulement 18 % des électeurs enregistrés dans un parti se sont déplacés aux urnes lors des primaires pour les élections aux assemblées d'État en 2018. Le projet *Pennsylvania Open Primaries*, porté par un sénateur (républicain) prévoit d'ouvrir les primaires aux

Zeppos, « Political Polarization and Candidates in the 2016 Congressional Primaries », Brookings Institution, 18 janvier 2017.

53 Les candidats étaient classés en cinq catégories (*Business/Establishment, Tea Party, Conservative Republican, Libertarian, Other*) en fonction de leur site internet, de leur appartenance à un groupe parlementaire, notamment le Tea Party Caucus et des soutiens financiers reçus.

54 Les Républicains les plus conservateurs de la Chambre basse du Congrès américain à l'époque seraient aujourd'hui considérés comme faisant partie des plus « libéral » au sens états-unien, selon les statistiques de DW-Nominate qui classent les membres du Congrès fédéral sur un spectre *liberal*-conservateur. Voir https://legacy.voteview.com/dwnomin.htm.

électeurs enregistrés comme indépendants, qui représentent plus de 740 000 voix[55]. Moins médiatisé, le niveau local n'en est pas moins crucial, en particulier dans la stratégie de noyautage du Parti républicain. Pour rappel, les candidats Tea Party avaient raflé 681 sièges dans les assemblées d'État en 2010, prenant le contrôle des deux chambres dans vingt-neuf États, puis 300 sièges en 2014, contrôlant ainsi quasiment la moitié des États.

L'échelon micro-local de la hiérarchie partidaire, crucial et pourtant méconnu

C'est dès le niveau micro-local que commence l'opération d'infiltration, comme l'a montré la droite religieuse en procédant « circonscription par circonscription » pour prendre le contrôle de l'appareil partisan. Et c'est sur les circonscriptions que se concentre le *Precinct Project* (financé par le PAC American Majority Action), qui cherche à placer des militants à des positions de commissaires de circonscription (*precinct committeeman*) dans les comités politiques des comtés de tout le pays. Au niveau local, ces comités sont en général constitués de deux représentants ou « commissaires » pour chaque circonscription électorale (*precinct*) dans un comté, élus lors de primaires tous les deux ou quatre ans. Avec 9000 circonscriptions, le nombre le plus élevé aux États-Unis, la Pennsylvanie offre des possibilités considérables pour faire campagne : 18 000 sièges pour les Républicains (chaque parti dispose de deux sièges). Or, en 2014, la responsable de la branche locale du projet en Pennsylvanie, Lois Kaneshiki estimait que 80 % de ces sièges étaient vacants. Selon l'experte, la clé résidait dans l'utilisation de l'infrastructure politique déjà en place, et donc de ces comités dont les membres constituent le véritable *establishment* des partis politiques. Ce sont eux en effet qui élisent les dirigeants, approuvent les règlements de fonctionnement (*party bylaws*) et sélectionnent les candidats qui seront soutenus dans les élections générales (*endorsement*). Les électeurs connaissent rarement le fonctionnement, et encore moins l'impact, de ces comités, qui sont selon la militante l'un des « secrets les mieux gardés » en politique parce qu'ils ont été transformés en véritables « machines à réélire les sortants » (*re-election machines*)[56]. Lors de l'élection générale, le choix est en effet largement dicté par

55 Senate of Pennsylvania. Session of 2019-2020 Regular Session. Joseph B. Scarnatti, III. Pennsylvania Open Primaries, January 2, 2019.

56 Présidente de la branche locale du *Republican Liberty Caucus* (RLC) et fondatrice d'un groupe *Tea Party*, Lois Kaneshiki a été élue commissaire de circonscription à plusieurs reprises. Voir Entretien « County Republican Committee Chair, Precinct Project-Lois Kaneshiki, 21 septembre 2015 », Kaneshiki, Lois, « Why is the Precinct Project important? », 31 octobre 2011, et le site Reform the Pa GOP, http://reformpagop.ning.com/.

la pré-sélection du comité, et en outre, les commissaires remplissent rarement leur mission d'information auprès des électeurs sur les candidats en lice.

En ce qui concerne les règlements au niveau micro-local, on pourrait penser qu'ils n'ont aucune incidence, mais il n'en est rien car chaque comité détient un pouvoir décisionnaire. En 2009, lorsque le comité républicain au niveau de l'État (de Pennsylvanie) a modifié ses règlements pour faire passer la fréquence des élections de deux à quatre ans pour les commissaires locaux, une majorité de présidents de comités de comté a suivi. Ceci a permis de freiner le mouvement Tea Party, qui était en train de prendre le contrôle de l'appareil partisan en plaçant ses pions au niveau des comités locaux – et même dans les comités d'État d'après un militant de mon terrain[57]. La position de commissaire de circonscription est donc influente, d'autant qu'elle est facilement accessible puisque les candidats sont élus lors d'élections primaires de quartier où ils sont quasiment assurés de l'emporter, et que dix signatures d'électeurs enregistrés dans le parti du candidat suffisent pour valider la pétition de candidature. C'est notamment le cas en Pennsylvanie. Autant de ficelles électorales bien connues des militants Tea Party, comme l'illustre le cas de Jim, du groupe Philadelphia Tea Party Patriots-Central Montgomery.

En 2014, Jim s'est présenté à l'élection sur un poste de commissaire local (*committeeman*) dans le comté de Montgomery en Pennsylvanie. Il a recouru à la procédure de candidature « *write-in* » qui permet de se présenter sans être enregistré sur la liste des candidats et assure des chances raisonnables d'être élu dès lors qu'un contexte particulier se présente, comme une élection spéciale ou un siège non compétitif[58]. La veille de l'élection, Jim s'est rendu compte que la liste du Parti républicain ne comportait qu'un seul nom—au lieu de deux puisque chaque parti se voit attribuer deux sièges de commissaire de circonscription. Il a décidé de se présenter, et son épouse Pam s'est rendue au bureau de vote pour demander aux personnes présentes si elles accepteraient de voter pour son mari le lendemain. Elle a remis aux intéressés un morceau de papier indiquant « Merci de voter pour mon mari Jim D. » (*Please vote for my husband Jim D.*), et précisant de bien respecter l'orthographe de son nom car tous les bulletins d'un candidat *write-in* doivent être orthographiés de façon identique sous peine d'être considérés comme nuls[59]. Le lendemain, ces électeurs ont écrit le nom de Jim sur leur bulletin de vote, et il a remporté l'élection dans une petite

57 Voir Entretien « Philadelphia Tea Party Patriots-Landsdale-Don, July 7, 2013 ».

58 La procédure « *write-in* » peut être utilisée dans les primaires ou l'élection générale, et fonctionne à tous les niveaux de gouvernement.

59 Voir Entretien « Philadelphia Tea Party Patriots-Central Montgomery-Jim et Pam, 9 juillet 2014 ».

ville de 10 000 habitants certes, mais avec les opportunités qu'offre ce poste au sein d'un comité de parti.

J'ai constaté au cours de mon étude de terrain qu'il existe quantité d'autres postes méconnus, depuis le niveau micro-local (canton) jusqu'au niveau local (d'État) en passant par la municipalité et le comté : membre de conseil d'établissement ou de comité du budget, responsable de la voierie (*road commissionner*), citoyen réserviste (*constable*)... Le poste de superviseur de canton (*township supervisor*), par exemple, est assorti de responsabilités importantes : sécurité publique, environnement, utilisation des terrains, zonage, en particulier dans un État comme la Pennsylvanie qui compte 1454 cantons couvrant 95 % du territoire et où vivent 44 % de la population. Le poste de juge de paix (*justice of the peace*), en charge d'affaires civiles et commerciales, est particulièrement accessible puisqu'il ne nécessite pas d'avoir une formation en droit. Ces postes attirent très peu de candidats, voire parfois aucun. En 2014, un militant de mon terrain a ainsi fait campagne dans sa circonscription pour remplacer le scrutateur (*judge of elections*) qui prenait sa retraite après plus de vingt ans (ce poste, renouvelé tous les quatre ans, est sans limitation de mandat). Aucun candidat, ni démocrate ni républicain, ne se présentait et ce militant a fait campagne sans concurrent, a voté pour lui-même lors des primaires qu'il a bien sûr remportées, puis à nouveau lors de l'élection générale, qu'il a également remportée[60].

La maîtrise des rouages électoraux avérée à l'échelon fédéré

Autre exemple emblématique, cette fois au niveau de l'État, celui de Lisa. Co-fondatrice puis deuxième présidente du groupe Delaware County Patriots, Lisa a commencé à s'investir en 2010 dans un conseil d'établissement, gagnant progressivement la confiance des membres du conseil en contestant le coût de certains projets planifiés dans le budget[61]. En 2013, les membres du conseil, mais aussi la majorité des enseignants de l'établissement ne savaient pas ce qu'était le *Common Core*, mais un an plus tard elle avait persuadé le conseil de voter contre l'adoption du programme, le présentant comme une atteinte de l'État fédéral aux prérogatives des États fédérés (dont relèvent les politiques éducatives aux États-Unis)[62]. Réélue comme membre, puis présidente du conseil d'établissement, elle est galvanisée par son succès et décide en 2015 de faire campagne sur un poste de représentante au Congrès de Pennsylvanie (pour le 161e district). Elle reçoit le soutien de l'organisation Citizens Alliance of Pennsylvania, évoquée plus haut, et de divers groupes conservateurs. Elle profite d'une élection spéciale et se présente

60 Voir Entretien « Philadelphia Tea Party Patriots-Landsdale-Don, 22 juin 2014 ».
61 Voir Entretien « Delaware County Patriots-Lisa, 3 août 2014 ».
62 Le programme *Common Core* vise à harmoniser la formation scolaire dans les différents États.

comme candidate républicaine *write-in* face à ses deux concurrents, soutenus par leur parti respectif, et remporte les primaires avant de perdre l'élection générale contre la candidate démocrate. Candidate anti-*establishment*, qui plus est absolument novice sur la scène politique, Lisa a incontestablement froissé les ténors républicains locaux, d'autant qu'elle critiquait son adversaire pour ses liens politiques avec les intérêts spéciaux (en tant que président du syndicat AFL-CIO dans le comté de Delaware). Elle lui reprochait d'avoir été sélectionné avant le processus de vérification par les commissaires locaux, et en voulait pour preuve l'annonce dans ce sens sur la page Facebook du Parti républicain, une heure avant le début de la réunion de sélection officielle. Le président du parti au niveau du comté a nié ces allégations, mais ceci rejoint les arguments avancés par la responsable locale du *Precinct Project* à propos du fonctionnement des comités de parti comme machines à réélire les candidats, ou du moins à élire ceux de leur choix.

Enfin, l'exemple de Scott Wagner illustre bien la menace que représentent les conservateurs radicaux pour l'*establishment*. Le candidat affilié au mouvement Tea Party se présente en mars 2014 comme candidat *write-in* lors d'une élection spéciale pour le siège de sénateur du 28e district au Congrès de Pennsylvanie. Wagner s'engage à réduire les dépenses de l'État et les taxes foncières, réformer le système des retraites, autoriser le forage de gaz sur les terrains appartenant à l'État et écrémer l'assemblée d'État. Le candidat anti-*establishment* remporte l'élection contre les deux candidats soutenus par leur parti respectif, victoire véritablement historique puisqu'il s'agit du premier candidat *write-in* à remporter une élection à ce niveau de gouvernement, non seulement en Pennsylvanie, mais dans tout le pays. Wagner remporte ensuite l'élection générale, devenant ainsi sénateur pour un mandat de quatre ans et permettant au Parti républicain de conserver la majorité à l'assemblée d'État. Il a profité pour cette élection d'un taux de participation exceptionnellement bas, puisque seuls 14 % des 163 617 électeurs enregistrés dans le district sénatorial s'étaient rendus aux urnes. Selon le directeur des élections au niveau du comté, cette faible participation était due au redécoupage des circonscriptions sénatoriales intervenu en 2011, certains électeurs ne sachant pas qu'ils pouvaient voter, alors que d'autres s'étaient présentés au bureau de vote mais n'avaient pas pu voter du fait qu'ils n'habitaient plus la 28e circonscription. Il s'agit là d'un exemple des conséquences du « *gerrymandering* » des circonscriptions en Pennsylvanie, les accusations étant en l'occurrence portées au sein même du Parti républicain[63].

63 Le 19 février 2018, la Cour suprême de Pennsylvanie a imposé une carte électorale avec prise d'effet le 15 mai 2018 pour les élections primaires, après avoir statué que le redécoupage des

Scott Wagner a reproché à la direction du Sénat républicain et au comité républicain de l'État d'avoir orchestré cette élection spéciale pour que le siège vacant revienne au candidat soutenu par le parti, allégation niée par les responsables républicains mais qui rejoint également les arguments déjà évoqués. En 2018, il a encore défrayé la chronique en remportant les primaires républicaines contre le candidat soutenu par le parti, cette fois pour l'investiture au poste de gouverneur de Pennsylvanie. Décrié par ses adversaires qui l'accusaient d'incompétence et lui reprochaient son manque d'expérience politique, donné perdant par la presse, il a néanmoins largement remporté les primaires en mai 2018 avec 44,3 % des voix, contre 36,9 % et 18,8 % respectivement pour ses opposants, avant de perdre en novembre contre le gouverneur démocrate sortant Tom Wolf. Son exemple souligne par ailleurs le fait que les élections locales sont souvent peu médiatisées, hormis en cas de scandale ou d'événement inhabituel. En 2014, son élection a fait peu de bruit en dehors de la Pennsylvanie, mais en 2018 Wagner a attiré l'attention des médias nationaux comme le *Washington Post* ou le *New York Times*, notamment par des comportements provocateurs largement commentés, comme la promesse de « piétiner » son adversaire. Comme celui des militants des groupes locaux, son exemple est emblématique des stratégies mises en œuvre par les acteurs conservateurs pour s'imposer aux différents échelons.

Conclusion

L'observation des différents niveaux de gouvernement, fondamentalement imbriqués, s'avère nécessaire pour appréhender les mécanismes de prise d'influence du Parti républicain. D'où l'intérêt du changement d'échelle qui permet de faire cohabiter plusieurs perspectives. Relevant au départ principalement de la théorie des mouvements sociaux, mon approche s'inscrit ainsi désormais davantage dans une démarche multiscalaire telle que proposée par l'historien Jacques Revel, qui défend la variation des échelles d'observation pour permettre une prise en compte multidimensionnelle, seule apte à saisir une structure à plusieurs niveaux. Assez peu d'attention est portée à cette méthode, pourtant indispensable pour étudier les États-Unis (sans doute parce que peu de chercheurs se déplacent sur le terrain, sans doute aussi parce que l'analyse du niveau national est déjà ardue). Cet article souhaite ainsi apporter une contribution aux

districts législatifs de 2011 constituait un cas flagrant de *gerrymandering* (charcutage électoral). Voir *League of Women Voters of Pa. v. Commonwealth, Pa* - 175 A.3d 282, 286-87 (Jan. 22, 2018). The Unified Judicial System of Pennsylvania.

études de science politique et de sociologie sur les acteurs conservateurs grâce aux exemples concrets de militants opérant aux niveaux local et micro-local.

Le mouvement Tea Party s'est posé en véritable groupe de pression, à l'instar des factions conservatrices de plus ou moins grande envergure qui gravitent autour du Parti républicain. Il se résume aujourd'hui aux initiatives de quelques groupes locaux qui relaient des informations politiques ou législatives, mais certains acteurs poursuivent leur engagement militant autour des questions de conservatisme fiscal ou social, au sein de ces nombreuses organisations qui exercent une influence considérable sur le paysage politique américain. Quant au Freedom Caucus, il a vu son influence décroître depuis les élections de 2018 qui ont permis aux Démocrates de prendre le contrôle de la Chambre basse au Congrès fédéral. Les conservateurs ont néanmoins obtenu assez de postes, à tous les niveaux de gouvernement, pour avoir un impact durable sur le programme législatif républicain. Pour les libertariens, il demeure difficile de s'imposer au niveau national comme l'ont montré les résultats décevants au Congrès fédéral en 2018. Pour la droite religieuse, les alliances nouées avec Donald Trump pour obtenir une législation anti-avortement et favorable au port d'arme à feu perdurent. Elle demeure une base électorale solide, d'autant qu'un Américain sur quatre est évangélique d'après le Pew Research Center.

En 2016, le candidat Trump s'était déplacé dans les zones rurales considérées comme acquises aux Démocrates, allant jusque dans les plus petites bourgades pour rencontrer les électeurs potentiels parmi ces cols bleus, une démarche très appréciée de ceux qui se sentent ignorés du centre du pouvoir à Washington D.C. La gauche ne doit donc négliger aucune cible, d'autant que les électeurs qui ont hissé Trump au pouvoir pourraient bien le soutenir cette fois encore s'il peut permettre d'empêcher la victoire du camp opposé. Il faudra attendre novembre 2020 pour voir si les factions conservatrices sont encore assez puissantes pour empêcher la « vague » bleue de déferler. On sera particulièrement attentif au niveau local dont l'enjeu est considérable puisque ce sont les législateurs aux assemblées d'État qui procèderont au découpage électoral suite au prochain recensement. Une enquête approfondie sur les résultats des élections aux niveaux local et micro-local permettrait de déterminer si les stratégies de la Droite radicale se sont révélées aussi payantes qu'en 2016 et d'évaluer si celle-ci peut atteindre son objectif de deux décennies de politique fiscale et sociale conservatrice, tel que le formulaient dès 2014 les militants des groupes Tea Party suivis lors de mon étude de terrain.

☑

Bibliographie

Entretiens avec les militants *Tea Party* de Pennsylvanie

Philadelphia Tea Party Patriots-Landsdale-Diana, 4 novembre 2012.

Philadelphia Tea Party Patriots-Landsdale-Don, 7 juillet 2013 et 22 juin 2014.

Philadelphia Tea Party Patriots-Central Montgomery-Jim et Pam, 9 juillet 2014.

Delaware County Patriots-Lisa, 3 août 2014.

County Republican Committee Chair, Precinct Project-Lois Kaneshiki, 21 septembre 2015.

Arrêt de la Cour suprême des États-Unis, décision de la Cour suprême de Pennsylvanie, projet de loi.

Burwell v. Hobby Lobby Stores, Inc., 573 U.S. (2014). <https://supreme.justia.com/cases/federal/us/573/13-354/>. Consulté le 28 août 2019.

League of Women Voters of Pa. v. Commonwealth, Pa - 175 A.3d 282, 286-87 (Jan. 22, 2018). The Unified Judicial System of Pennsylvania. <http://www.pacourts.us/assets/opinions/Supreme/out/dissenting%20statement%20%20grantedjurisdiction%20retained%20%2010339890932033722.pdf#search=%22jan.%2022%202018%22>. Consulté le 29 août 2019.

Senate of Pennsylvania. Session of 2019-2020 Regular Session. Joseph B. Scarnatti, III. Pennsylvania Open Primaries. January 2, 2019. <https://www.legis.state.pa.us/cfdocs/Legis/CSM/showMemoPublic.cfm?chamber=S&SPick=20190&cosponId=27244>. Consulté le 2 septembre 2019.

Ouvrages, articles scientifiques publiés

BOATRIGHT, Robert G., *Getting Primaried: The Changing Politics of Congressional Primary Challenges (Legislative Politics and Policy Making)*, Ann Arbor, University of Michigan Press, 2013.

GODET, Aurélie, *Le Tea Party : Portrait d'une Amérique désorientée*, Paris, Vendémiaire, 2012.

—, « The (Seeming) Power of (Seemingly) Leaderless Organizations : The Tea Party Movement as a Case Study », in *Leadership and Uncertainty Management in Politics : Leaders, Followers and Constraints in Western Democracies*, Agnès Alexandre-Collier, François Vergniolle de Chantal, dir., London, Palgrave Macmillan, 2015.

MAYER, Jane, *Dark Money: The Hidden History of the Billionaires Behind the Rise of the Radical Right*, New York, Doubleday, 2016.

MEYER, David S., *The Politics of Protest: Social Movements in America*, Oxford, Oxford University Press, 2e éd., 2015 [2007].

RAGUSA, Jordan M., GASPAR, Anthony, « Where's the Tea Party? An Examination of the Tea Party's Voting Behavior in the House of Representatives », *Political Research Quarterly*, vol. 69, n° 2, avril 2016, p. 361-372.

<https://journals.sagepub.com/doi/abs/10.1177/1065912916640901>. Consulté le 29 août 2019.

SCHMITT, Carly, LAFORGE, Chera, BRANT, Hanna K., « Drinking the Tea: The Tea Party Movement and Legislative Agendas in the U.S. Senate », *Congress & the Presidency*, vol. 46, n° 1, janvier 2019, p. 60-68.

<https://www.tandfonline.com/doi/full/10.1080/07343469.2018.1526827>. Consulté le 29 août 2019.

SKOCPOL, Theda et WILLIAMSON, Vanessa, *The Tea Party and the Remaking of Republican Conservatism*, New York, Oxford University Press, 2012.

VAN DYKE, Nella et MEYER, David S., éd. *Understanding the Tea Party Movement*, Farnham, Ashgate Publishing, 2014.

Articles de presse

BACON JR., Perry, « How The Freedom Caucus Learned To Love Trump », *FiveThirtyEight*, 31 juillet 2018. <https://fivethirtyeight.com/features/how-the-freedom-caucus-learned-to-love-trump/>. Consulté le 2 août 2019

O'HARROW, Robert, BOBURG, Shawn, « A Conservative Activist's Behind-the-Scenes Campaign to Remake the Nation's Courts », *The Washington Post*, 21 mai 2019. <https://www.washingtonpost.com/gdpr-consent/?next_url=https%3A%2F%2Fwww.washingtonpost.com%2Fgraphics%2F2019%2Finvestigations%2Fleonard-leo-federalists-society-courts%2F%3Futm_term%3D.3f381fe7d7aa%26tid%3Dsm_tw>. Consulté le 12 octobre 2019.

Thèse

TROUILLET, Agnès, « Le mouvement Tea Party 2009-2017 : résultat d'une enquête en immersion, à Philadelphie et à Boston », thèse de doctorat, Langue et cultures des sociétés anglophones, Université Paris 7 Diderot, LARCA-UMR 8225, 2017. <http://theses.fr/fr/personnes/?q=agn%C3%A8s+trouillet>. Consulté le 2 septembre 2019.

Compte-rendu d'ouvrages*

ANNE DAGUERRE, **OBAMA'S WELFARE LEGACY : AN ASSESSMENT OF US ANTI-POVERTY POLICIES**, Bristol University Press, Policy Press Shorts Research, Bristol, 2017, 176 p.

MAUD QUESSARD, **STRATÉGIES D'INFLUENCE ET GUERRES DE L'INFORMATION : PROPAGANDE ET DIPLOMATIE PUBLIQUE DES ÉTATS-UNIS DEPUIS LA GUERRE FROIDE**, Rennes, Presses universitaires de Rennes, 2019, 373 p.

ÉLIE TENENBAUM, **PARTISANS ET CENTURIONS. UNE HISTOIRE DE LA GUERRE IRRÉGULIÈRE AU XXE SIÈCLE**, Paris, Perrin, 2018, 522 p.

* Cette rubrique est dirigée par Frédéric Heurtebize (Université Paris Nanterre).

Obama's Welfare Legacy : An Assessment of US Anti-Poverty Policies,

Anne Daguerre

Bristol, Bristol University Press, Policy Press Shorts Research, 2017, 176 p., 27,99 £.

Le dissensus permanent qui a caractérisé la présidence Obama a conduit de nombreux chercheurs à analyser le « bilan » du 44e président des États-Unis, notamment pour rendre compte de l'écart important entre les promesses ambitieuses formulées lors de la campagne électorale de 2008 et de ce que les réalités pragmatiques de l'exercice du pouvoir lui ont permis de concrétiser. Contrairement à ce type d'ouvrages, *Obama's Welfare Legacy* n'a pas d'ambition holistique (analyser de consort toutes les thématiques de la présidence Obama) pas plus qu'il ne prétend à l'exhaustivité (l'ouvrage comporte 127 pages de texte, conformément au format synthétique de la collection des *Research Shorts* de l'université de Bristol). Le format et la thématique choisis pour ce travail en font la force, pour deux raisons. Il s'agit d'abord d'un ouvrage dédié à une question précise (ce qui permet à l'auteure de prendre le temps de la contextualisation historique et celui d'étayer sa réflexion). Il s'agit ensuite d'un travail qui donne une visibilité aux politiques d'assistance publique et de lutte contre la pauvreté aux États-Unis, champ de recherche qui demeure globalement peu étudié, bien qu'à la croisée de multiples enjeux.

Au détour des cinq chapitres thématisés de son livre, Anne Daguerre propose un panorama riche et contextualisé des transformations de l'aide sociale aux plus démunis pendant les années Obama. Le plan du livre permet d'osciller entre deux principales échelles : l'une plus générale et théorique (introduction et conclusion, chapitre 1 et chapitre 5) ; l'autre plus spécifique et technique (chapitres 2, 3 et 4).

Dans le premier chapitre (intitulé 'The American social contract'), l'auteure explique que la physionomie singulière du contrat social étatsunien est le fruit de plusieurs forces : la primauté des droits négatifs (« *negative rights* ») ; la protection catégorielle et non universelle ; le fédéralisme ; l'alliage public-privé du système de protection sociale et la centralité de la fiscalité comme canal d'acheminement des prestations sociales (p. 20-21). Ce cadre contraignant expliquerait en retour l'hybridité du système de protection sociale ainsi que la protection limitée des droits socio-économique des citoyens.

Au sein de ce système, d'autres limites spécifiques circonscriraient la portée de l'assistance publique : la stigmatisation de la pauvreté ; la fragmentation et la mise en concurrence des institutions politiques et la dynamique des rapports raciaux (p. 21).

Ce chapitre montre en outre que les réformes politiques contribuent à l'érosion du contrat social, comme la réforme du *welfare* promulguée par Clinton en 1996 (que Daguerre décrit comme l'aboutissement d'un processus de redéfinition des missions publiques en matière d'assistance sociale, « *the welfare reform revolution* », p. 29). La loi de 1996 a signé le désengagement de l'État dans la protection du droit à l'aide financière publique (« *backlash against the federal entitlement model* » p. 31) : la loi consacre un modèle de responsabilité individuelle et locale dans lequel le travail salarié est entendu comme « le devoir moral » des citoyens (« *consensus on paid work as a moral duty of citizenship as well as a preference for localized service-based social programs opposed to federal cash assistance programs* » p. 14). Comme le note Daguerre, les effets délétères de cette loi sur la protection des plus démunis furent renforcés par l'adoption d'autres textes, comme le *Deficit Reduction Act* de 2005.

L'auteure note enfin que depuis les années 1990, les réaménagements de la protection sociale ont frappé le plus durement les familles monoparentales les plus pauvres (p. 33) et que l'érosion de l'aide publique financière (*cash assistance*) aux pauvres sans travail a été en partie compensée par l'élargissement d'autres programmes proposant des services en nature comme Medicaid et les *food stamps*. Ce chapitre souligne enfin le rôle central des tribunaux (d'États et de la Cour suprême) dans le tracé du périmètre de la protection sociale aux États-Unis.

Le deuxième chapitre ('The Obama administration's vision') détaille la philosophie politique d'Obama en matière de protection sociale. Obama ne soutient pas les droits socio-économiques universels mais défend l'égalité des chances (*equality of opportunities*) plutôt que l'égalité de résultats (*equality of outcomes*) (p. 54). Son administration est investie sur la question sociale, et donne la priorité aux investissements dans la santé, la petite enfance et l'éducation, priorités que deux grandes lois adoptées durant son premier quadriennat lui permettront de faire avancer : l'*American Recovery and Reinvestment Act* (ARRA, 2009) l'*Affordable Care Act* (ACA, 2010). L'appareil anti-pauvreté de ces deux réformes repose sur l'élargissement de programmes et de dispositifs existants (comme l'*Earned Income Tax Credit* et les *food stamps* pour l'ARRA et *Medicaid* pour l'ACA). Daguerre note également la très forte augmentation des bénéficiaires du programme de *food stamps* (SNAP) lors de la première année de la crise financière (p. 47), augmentation liée aux politiques d'affiliation au programme encouragées par l'administration Obama.

Le troisième chapitre ('Navigating the political backlash') porte sur la manière dont l'obstruction politique systématique à la présidence Obama a limité la portée de son engagement sur la question sociale. De manière intéressante, Daguerre affirme d'abord que sur la question de l'aide sociale, l'opposition républicaine n'était que de pure forme, et visait principalement à envoyer des signes rassurant à sa base électorale (p. 57). Cette opposition n'en est pas moins virulente et s'incarne à de multiples moments de la présidence Obama : sur le renouvellement du programme d'assurance maladie pour les enfants des familles défavorisés (SCHIP) à l'adoption puis la mise en œuvre de la réforme de santé (ACA) en passant par le renouvellement du programme d'assistance TANF. Daguerre rappelle au passage la résurgence d'une « défense chauviniste de l'aide sociale » (*welfare chauvinism*), c'est-à-dire l'idée selon laquelle les aides sociales devraient n'être disponible qu'aux citoyens (p. 64).

Le quatrième chapitre ('The politics of damage limitation') explique que la priorité de l'administration Obama était de mettre l'Affordable Care Act à l'abris des incursions républicaines, ce qui expliquerait les avancées limitées sur d'autres fronts. En parallèle, le GOP multiplie les attaques à l'encontre des *food stamps*, nouvelle cible de choix pour les conservateurs depuis la chute vertigineuse du nombre de bénéficiaires du *welfare* (5 millions en 1994 à 1,7 millions en 2013, p. 77). L'augmentation notable du nombre de bénéficiaires SNAP pendant le premier mandat d'Obama conduit les Républicains à accuser l'administration démocrate d'encourager l'oisiveté. Daguerre leur oppose que dès 2010, l'administration Obama se replace en fait dans le sillage des politiques de *welfare* (peu généreuses) des années Bush (p. 88). Même si les Républicains conservateurs (comme Paul Ryan) affichent sans détour leurs ambitions de lutte contre la fraude, l'inactivité et la dépendance au système de protection sociale, Daguerre rappelle judicieusement l'écart entre la diabolisation des politiques de l'administration Obama et ses filiations et objectifs réels, chiffres officiels à l'appui.

Le dernier chapitre ('Obama's welfare and antipoverty policies : an assessment') fait état d'un bilan en demi-teinte en matière de protection des plus démunis. Daguerre identifie d'abord deux avancées majeures sur le plan des politiques anti-pauvreté : les deux principales réformes redistributives du premier quadriennat d'Obama : l'ARRA et l'ACA, qui permirent toutes deux de freiner l'explosion du taux de pauvreté et de le stabiliser. En parallèle, l'auteure affirme que les politiques d'austérité mises en place par l'administration Obama eurent pour effet de limiter les effets des réformes contracycliques (notamment celui de l'ARRA) (p. 100-101).

Elle lie ensuite les avancées limitées de l'administration Obama aux positions politiques et idéologiques du président et de son équipe. En effet, l'équipe d'Obama est principalement composée d'anciens de l'administration Clinton (Timothy Geithner, Lawrence Summers, Peter Orzag, Jack Lew et Sylvia Burwell par exemple), qui adhèrent tous aux préceptes du *third way*.

Daguerre souligne également les effets limitants de l'obstruction stratégique et systématique de la part des élus républicains. L'un des impacts les plus visibles de cette opposition (et les plus opérants à court terme) fut le contentieux au sujet de l'élargissement de la couverture Medicaid, tranché en 2012 par la Cour suprême. Celle-ci affirme que l'élargissement de la couverture Medicaid sera laissé à la discrétion des États. Concrètement, ceci signifie que 2,5 millions d'adultes qui auraient dû bénéficier de la loi ne sont pas couverts (*coverage gap*) sans compter que les prestations Medicaid varient d'un État à l'autre (p. 105).

Daguerre conclut ce chapitre en affirmant que l'évaluation du bilan d'Obama est une question de perspective (p. 110). Elle identifie ainsi cinq causes aux « déceptions » qu'ont pu occasionner la présidence Obama : les attentes démesurées qu'Obama avait contribué à créer par son discours ; le choix d'élargir les programmes existants plutôt que d'en créer de nouveaux (invisibilisant pour partie les apports des nouvelles réformes, argument qui rejoint celui de Suzanne Mettler dans son ouvrage *The Submerged State : How Invisible Government Policies Undermine American Democracy*) ; la difficile mise en valeur de l'ARRA en raison de l'externalisation de la mise en œuvre à des instances tierces (États, localités, secteur privé et non-lucratif) ; la consolidation d'un fédéralisme à géographie variable (qui institutionnalise des politiques publiques différentes en raison des besoins divergents d'un État à l'autre ; et enfin la logique du changement par incrément, typique du développement des politiques publiques aux États-Unis, mais qui a tendance à invisibiliser les avancées réelles sur le terrain (p. 110).

Les apports de l'ouvrage d'Anne Daguerre sont nombreux. On soulignera tout particulièrement le choix du sujet (il existe peu d'ouvrages récents dédiés à cette question) ; la clarté de l'argumentation tant sur le plan de la contextualisation que de la conceptualisation ; le travail de synthèse impressionnant qui laisse tout de même une place à l'exemple et à l'illustration ; la richesse et la diversité des sources (primaires, secondaires ; plusieurs disciplines mobilisées) ; et enfin l'attention portée à l'analyse du discours politique sur la pauvreté (sur les plans de la stigmatisation, de l'autoreprésentation, de la fiscalisation du débat sur les politiques publiques et de la racialisation). Le volume est de plus enrichi de plusieurs interviews inédites, qui rappellent la place centrale des experts dans la formulation des politiques publiques. De manière plus générale, *Obama's welfare legacy* constitue un outil de travail utile pour les lecteurs cherchant une synthèse érudite de la question tout autant que pour les chercheuses et chercheurs plus expérimentés, qui cherchent une lecture riche, à jour et précise.

On pourra néanmoins interroger le texte sur plusieurs points. Tout d'abord, la variété de la protection sociale, ce que Daguerre nomme le « fédéralisme à géométrie variable », et son institutionnalisation (p. 110), sont mentionnées mais globalement peu étudiées. Peut-être aurait-il été utile de mettre davantage en relief cette notion, d'en expliquer plus systématiquement les origines (localisme, fédéralisme, volontarisme, *new federalism*, *waiver politics*) et ses conséquences, parce qu'elles ont contraint et orienté la marge d'action du président Obama, mais aussi, plus généralement, parce que cette asymétrie constitue le socle de la protection sociale dans les États-Unis contemporains.

On peut, de la même manière, s'interroger sur le traitement limité de l'externalisation de la prise en charge de l'aide sociale à des instances tierces, notamment privées (institutions philanthropiques, *faith-based initiatives*, etc.) et de ses conséquences sur la redéfinition des missions publiques en matière de protection des citoyens.

Par ailleurs, l'analyse se concentre sur l'obstruction et l'opposition de la nébuleuse conservatrice, sur la déconstruction du droit à l'aide sociale et sur l'érosion du *safety net*. Il aurait été peut-être intéressant de consacrer un temps de l'analyse aux organisations de défense du *welfare* dans les années 1970 (comme la défunte *National Welfare Rights Organization*) et à leurs héritiers (qui, pendant la présidence Obama, ont notamment pris la forme du mouvement social *Fight for 15*), et plus généralement, au débat sur la revalorisation du salaire minimum, directement en lien avec les politiques anti-pauvreté.

Ceci rejoint une autre interrogation, à savoir les limites, voire la dimension potentiellement contre-intuitive, aux États-Unis, d'une analyse « verticale » (*top-down*) des politiques publiques, c'est-à-dire d'une analyse qui se concentre principalement sur le débat fédéral (souvent sur le président) et sur les « grands programmes » pour aborder dans un second temps les États fédérés, alors que, comme le souligne d'ailleurs Daguerre, le centre de gravité des politiques de *welfare* a depuis plusieurs dizaines d'années déjà migré vers les États.

Ces quelques remarques, nées de la stimulation intellectuelle que procure la lecture du présent ouvrage, n'entament en rien ses grandes qualités, qui en font un outil aussi précieux que précis permettant d'appréhender avec clarté l'un des débats politiques parmi les plus polarisants et, paradoxalement, celui dont les enjeux concrets sont parmi les plus invisibilisés dans la conversation politique nationale aux États-Unis.

ELISABETH FAUQUERT

STRATÉGIES D'INFLUENCE ET GUERRES DE L'INFORMATION : PROPAGANDE ET DIPLOMATIE PUBLIQUE DES ÉTATS-UNIS DEPUIS LA GUERRE FROIDE,

MAUD QUESSARD

Rennes, Presses universitaires de Rennes, 2019, 373 p., 30 €. Préface de Serge Ricard.

D'innombrables ouvrages ont été consacrés aux piliers – militaire, économique ou culturel – du système impérial édifié après 1945 par les États-Unis. Nous devons n'en être que plus reconnaissants à Maud Quessard de nous offrir une étude exceptionnellement informée et sans équivalent jusqu'ici en français, d'un autre instrument moins connu de leur influence : leur diplomatie publique. Si, en effet, l'Amérique a pu venir à bout du défi représenté par l'Union soviétique et espérer, au lendemain de la guerre froide, convertir le monde à sa vision du « capitalisme démocratique », c'est en partie grâce à une politique d'information, de persuasion et, le cas échéant, de désinformation, poursuivant un seul objectif : assurer le soutien du reste du monde à ses valeurs et à ses politiques.

Longtemps, il est vrai, les États-Unis avaient strictement limité leurs efforts de « persuasion » à la durée des conflits militaires, à travers le Comité Creel durant la Première Guerre mondiale ou encore la Voice of America et l'Office of War Information (OWI) durant la Seconde. Pourtant, amenés à la suite de cette dernière à endosser des responsabilités mondiales, ils se sont persuadés de la nécessité de pérenniser des opérations longtemps associées aux périodes d'hostilités. Alors même qu'il dissout l'OWI en 1945, Truman note ainsi que Washington devra veiller « à ce que les populations étrangères puissent se faire une idée exhaustive et juste des ambitions et des politiques du gouvernement des États-Unis ». Très vite, les offensives idéologiques de l'URSS, notamment ses dénonciations du racisme et du maccarthysme, ne laissent d'autre choix à Washington que de riposter. Tandis que dès 1948 le Smith-Mundt Act vient légitimer les programmes d'information officiels proches des activités de l'OWI, l'Administration élabore en secret un programme officieux de guerre psychologique reposant sur un ensemble d'opérations subversives assignées à la CIA.

Il reviendra à Eisenhower d'institutionnaliser cette politique à travers la création en 1953 de l'United States Information Agency (USIA) dont l'histoire et les activités en Europe sont au cœur du livre. Avec lui, note l'auteure, la guerre psychologique prend la forme « de campagnes de propagande mêlant à la fois les techniques de l'information et celles de l'action culturelle », s'apparentant de plus en plus à ce qui, sous le futur nom de « diplomatie publique » va s'efforcer de persuader les populations tant à l'est qu'à l'ouest de l'Europe de la supériorité du modèle auquel les États-Unis s'identifient. Au début des années 1960, avec la nomination à sa tête du grand journaliste Ed Murrow, l'agence connaît un premier pic d'influence. Force lui est pourtant d'entamer peu après une première « traversée du désert » lors des années Nixon-Kissinger : dès lors, en effet, que l'idée n'est plus de démocratiser l'Union soviétique mais de normaliser son comportement à l'étranger, la diplomatie publique perd de son importance. Au demeurant, depuis le milieu des années 1950, ses objectifs se sont déplacés : préserver l'Europe occidentale dans le camp du monde libre n'est plus une source d'anxiété et c'est vers d'autres contrées que ses activités sont réorientées.

Les années Reagan viennent tout changer : tandis qu'à une longue période de revers des États-Unis à l'étranger (chocs pétroliers, chute du Chah, invasion soviétique de l'Afghanistan) succèdent des années de réaffirmation du leadership américain (« *Make America Great Again* »), tant la diplomatie publique que l'Europe redeviennent d'ardentes priorités. Le « grand communicateur » comprend d'emblée que dans la nouvelle « ère de l'information » où le mode vient d'entrer, les États-Unis, comme il l'expliquera en 1987, « doivent parler non seulement aux gouvernements étrangers mais à leur peuple, s'engager dans la diplomatie publique avec tout le talent et toutes les ressources que nous pouvons maîtriser. » Persuadé que l'heure n'est plus à l'endiguement de l'URSS mais à sa déstabilisation, Reagan signe dès le 15 janvier 1983 un document (la NSDD 77) qui concrétise cette aspiration. Dans une Europe – et notamment une Allemagne – soudain redevenues dans le contexte de la crise des euromissiles l'enjeu central qu'elles étaient dans les années 1950, la diplomatie publique connaît une forme d'apogée : d'abord sans doute pour contrer le danger représenté par la montée en Europe occidentale d'un mouvement antinucléaire soutenu en sous-main par le Kremlin ; ensuite et surtout pour diffuser les valeurs et la culture américaines par-delà le « rideau de fer » et y fragiliser l'emprise de leur adversaire. Reagan a bien compris que dans une guerre froide qui est avant tout une guerre « pour le cœur et l'esprit » des hommes, le grand atout des États-Unis est leur identification à une liberté qui paraît, tout au contraire, faire peur aux dirigeants du camp opposé. Comme David Caute l'a noté, les dirigeants soviétiques « avaient peur de la liberté et ils étaient perçus comme en ayant peur ». Comment s'étonner, dès lors, si le National Endowment for Democracy (NED) – créé en 1983 pour financer les organisations travaillant à la promotion de la démocratie en Europe de l'Est – va s'imposer par la suite comme fer de lance de la diplomatie publique et être le moteur des fameuses « révolutions de couleur » ?

La quatrième partie de l'ouvrage est consacrée aux années qui suivent la disparition de l'URSS et à la transition « de la guerre froide aux guerres hybrides ». La période est indéniablement marquée par de profonds changements. D'abord, le sentiment de vivre « un moment unipolaire » vaut à la diplomatie publique une seconde « traversée du désert » qui débouchera en 1999 sur la disparition de l'USIA : le message – le triomphe du modèle américain – semble pouvoir se passer de messager. Ainsi, alors qu'en cette ère de mondialisation l'attention de Washington se porte désormais davantage vers l'Asie et notamment vers la Chine, Bill Clinton semble convaincu que la seule diffusion des nouvelles technologies finira par y promouvoir la démocratie.

En pulvérisant les illusions des États-Unis sur l'attractivité universelle de leur modèle, les attentats du 11 septembre 2001 redonnent évidemment une nouvelle vie à la diplomatie publique. Le livre décrit remarquablement la renaissance de cette dernière dans une « version 2.0 » caractérisée par un recours massif au numérique et aux réseaux sociaux et par des efforts pour mobiliser aux côtés des pouvoirs publics la société civile et le secteur privé. Lancée en 2005 par Karen Hughes, la nouvelle formule sera institutionnalisée par Hillary Clinton avec, entre autres, la formation d'une équipe ne comptant pas moins de 150 diplomates-bloggeurs dans la seule capitale fédérale et l'ouverture en 2011 d'un compte Twitter du département d'État en arabe et persan.

Pourtant, au-delà du changement, c'est surtout la continuité qui, à la lecture du livre, finit par frapper. À tout prendre, la « diplomatie publique 2.0 » n'est que la version numérique de la poursuite du même impératif : mettre les dernières technologies au service de l'image, du rayonnement et de l'influence des États-Unis. Elle reste au service de ce qu'Andrew Bacevich décrit comme le but suprême de la politique étrangère américaine : « la création d'un ordre international ouvert et intégré, fondé sur les principes du capitalisme démocratique, avec les États-Unis comme garant ultime de l'ordre et l'exécuteur des normes ». Justifiant la nomination de Charlotte de Beer, une légende du monde publicitaire, à la tête du Bureau de la diplomatie publique du département d'État, Colin Powell avait ainsi rappelé : « Je voulais l'un des plus grands experts de la publicité du monde, car que faisons-nous ? Nous vendons. Nous vendons un produit. Le produit que nous vendons est la démocratie. C'est le système de libre entreprise, le système de valeurs américain ». Plus que jamais, l'heure est au « *nation branding* » – en l'occurrence l'identification des États-Unis à la liberté.

C'est là peut-être la grande leçon qui ressort de l'ouvrage. D'un côté, la force de la diplomatie publique a procédé de la puissance des atouts qu'elle a été en mesure de mobiliser pour s'ériger en modèle inégalé : atouts culturels (des médias et grandes universités à Hollywood, au jazz et au rock en passant par Coca-Cola, McDo et Nike), institutionnels (les grandes Fondations et ONG) et technologiques (des radios comme RFE aux GAFAM en passant par Worldnet). Bref de sa capacité à instrumentaliser le *soft power* dont les États-Unis étaient dotés. De l'autre, ces efforts ont toujours été vulnérables au risque de voir le fossé paraîtrait trop grand entre l'image et la réalité. Comme en 2009 le chef d'État-Major des Armées, l'amiral Mike Mullen l'a rappelé, « Chaque fois que nous ne sommes pas à la hauteur de nos valeurs ou ne respectons pas une promesse, nous apparaissons toujours plus comme les Américains arrogants que l'ennemi prétend que nous sommes ». Perceptible comme nous l'avons vu dès la guerre froide, le péril est paradoxalement devenu plus aigu dans la foulée de la chute de l'URSS : d'abord, sans doute, du fait du gonflement des attentes que celle-ci a suscitées ; ensuite de « l'hubris » que l'ivresse de la victoire a conduit les dirigeants américains à embrasser ; mais, plus encore peut-être, de la détérioration du modèle même de démocratie et de société qui s'était longtemps révélé face au totalitarisme soviétique un atout inégalé. Les années Trump n'ont évidemment pu qu'exacerber le danger.

Bref, aujourd'hui la « démocratie » des États-Unis ne fait plus recette et c'est à ce problème que désormais leur diplomatie publique que Maud Quessard a remarquablement étudiée devra sans doute s'attaquer en priorité

Pierre Melandri

PARTISANS ET CENTURIONS.
UNE HISTOIRE DE LA GUERRE IRRÉGULIÈRE AU XXE SIÈCLE,
ÉLIE TENENBAUM
Paris, Perrin, 2018, 522 p., 25 €.

Qu'y-a-t-il en commun entre les guerres menées par les Français en Indochine et en Algérie, par les Britanniques au Kenya et en Malaisie, et par les Américains au Vietnam ? Sans doute, la nature de conflits jalonnant la seconde moitié du XXe siècle et qui voient des guérillas, ou des mouvements de libération, s'opposant militairement à des armées régulières pour s'emparer *in fine* du pouvoir. Et pour les armées occidentales, cet affrontement semble aussi une interrogation sur la validité de leur modèle de conduite de la guerre – un modèle que théorise par exemple Victor D. Hanson.

L'actualité des guerres d'Irak et d'Afghanistan a fait le reste : le chaos qui suit la deuxième guerre du Golfe en 2003 incite les stratèges du Pentagone et l'administration à rechercher des scénarios de sortie de crise, face à des conflits dont les formes ne sont plus familières. Il s'agit de trouver des analogies historiques et les études de *think tanks*, celles des historiens militaires ou des vétérans apportent une première réponse fondée sur le rappel de la guerre du Vietnam, mâtinée d'autres guerres du faible au fort, telle la lutte des *moudjahidin* afghans contre l'Armée rouge. Et les comparaisons se multiplient, s'appuyant sur les pratiques britanniques et françaises dans leurs guerres de décolonisation. Ainsi, pour imaginer la bataille de Bagdad, les officiers américains projettent *La Bataille d'Alger* (Gillo Pontecorvo, 1966).

Cette nécessité de trouver, dans l'histoire, des catalogues d'exemples pratiques et de solutions, interroge le chercheur. Élie Tenenbaum, chercheur à l'Institut français des relations internationales (IFRI), s'empare du sujet d'une façon originale. Là où les travaux universitaires ont souvent porté sur les penseurs de la guérilla et de l'insurrection (de Blanqui à Guevara en passant par Lénine), il décrypte l'histoire de la contre-insurrection occidentale. Face au partisan, combattant motivé par une cause politique et adepte de la guérilla, il oppose le centurion, incarnant la force légitime, technique, militaire au service d'un État. Cette opposition n'est d'ailleurs que de façade, car l'auteur cherche à comprendre le « caractère transnational de la pensée stratégique, le rôle des échanges et des transferts d'expérience dans la formulation de la doctrine et leur influence sur les pratiques militaires » (p. 12). Dit autrement, il présuppose l'existence d'un savoir en circulation, influencé par des écoles stratégiques et des cultures militaires spécifiques.

Aussi, c'est une « odyssée stratégique » (p. 19) à laquelle nous convie Tenenbaum, qui croise trois champs disciplinaires. Celui de l'histoire militaire, d'abord, et plus spécifiquement de la guerre irrégulière et des affrontements asymétriques. Celui de l'histoire connectée ensuite, pour décloisonner les périodes et les théâtres et mettre en évidence une certaine unité occidentale de l'expérience irrégulière. Et l'histoire culturelle enfin, pour montrer que ces échanges et ces partages sont à l'origine de la production de savoirs. Le choix des contacts entre France, Royaume-Uni et États-Unis renvoie en outre à l'actualité des engagements militaires récents et à la façon dont, *mutatis mutandis*, les grandes armées occidentales se sont adaptées – ou pas – à cette forme de guerre.

L'ouvrage se découpe en seize chapitres qui embrassent le vingtième siècle. Les premières expériences sont d'abord britanniques et le resteront jusqu'à l'ouverture de la Seconde Guerre mondiale : le cas de Lawrence d'Arabie et de la révolte des tribus arabes frappent l'imagination et, au-delà, permet l'élaboration de savoirs tactiques originaux. Par son ampleur, c'est surtout le deuxième conflit mondial qui joue un rôle de catalyseur dans l'émergence d'appareils irréguliers chez les principaux alliés occidentaux. Royaume-Uni en tête – mais les États-Unis et la France bénéficient de sa tutelle doctrinale –, les alliés développent des modèles d'insurrection sur les arrières de l'ennemi : commandos, maquis « jedburgh » et autres membres de l'*Office of Strategic Services* (OSS, l'ancêtre de la CIA) en sont la traduction. Il en sort une première communauté stratégique interalliée dont l'ombre s'étend au-delà de la fin de la guerre (p. 44) et qui est ravivée par le début de la Guerre froide.

La multiplication des conflits de décolonisation se lit alors au travers du prisme de la subversion, de la lutte contre l'ordre établi, de l'insurrection armée. L'affrontement bipolaire entre les États-Unis et leur adversaire soviétique n'est pas ici défini par le truchement de la diplomatie ou des guerres mais par la façon dont, sur les théâtres, naissent et s'imposent des savoir-faire de lutte contre la subversion, ce dont le *National Security Act* de 1947 avait pris conscience. Tenenbaum mêle à ces grandes interrogations sur les stratégies politiques d'endiguement les questions pratiques de propagande, de guerre psychologique et d'opérations spéciales.

D'abord employés en Europe, ces savoir-faire vont se cultiver et se propager en Asie, en Indochine, en Malaisie et aux Philippines. Les expériences française et britannique servent à expliquer la continuité plus que les ruptures dans la recherche d'une martingale afin de déjouer et défaire les insurrections maoïstes. L'influence américaine se fait jour notamment au travers de la création de maquis anti-vietminh et en appuyant les Français dans le domaine de la guerre psychologique, avant qu'ils ne prennent la main après la défaite de Diên Biên Phu (p. 159 et suivantes). L'idée que l'affrontement est autant idéologique que militaire, social et politique et qu'il se joue sur un échiquier mondial voit le Département d'État plus que le Département de la Défense à la manœuvre. Mais tout change avec l'élection de Kennedy, inspiré par les thèses de Walt Rostow (p. 260), qui juge nécessaire des appareils sécuritaires solides pour limiter les fébrilités socio-économiques des pays en voie de développement. Kennedy est donc l'inventeur d'une stratégie de contre-insurrection, combinant les actions répressives à des mesures d'ordre politique, économique ou social, pour éviter l'avancée du communisme et poursuive, sous une autre forme, l'endiguement.

Le Vietnam sera le lieu de mise à l'épreuve de ces tactiques. Dans un renversement saisissant, ce sont désormais les Britanniques et les Français qui cherchent à soutenir la stratégie américaine au travers de leurs expériences passées ou l'échange d'officiers de liaison. Le programme des hameaux stratégiques de Diem et le concept d'auto-défense des villages s'inspire ainsi en partie du cas français (p. 291-303). Mais ce que Kennedy et ses successeurs n'ont pas compris, tient à la résistance et aux priorités des acteurs concernés, qu'il s'agisse du pouvoir de Saïgon ou du commandement américain lui-même. Le déploiement massif des troupes américaines à partir de 1965 traduit une division du travail : aux Vietnamiens appuyés de quelques agences civiles, les tâches de pacification – la recherche de l'adhésion de la population –, tandis que les Américains se chargent des tactiques conventionnelles, fondées sur la suprématie du feu. Un renversement intervient en 1967 avec les programmes CORDS[1] puis Phoenix qui obtiennent de vrais résultats, mais la guerre a alors changé de nature. Tenenbaum explique (citant William Colby) que Hanoï, ayant perdu la guerre du peuple, se trouve contrainte de mener la guerre du soldat, ce que les trois dernières années du conflit tendent à prouver (p. 332).

Le Vietnam constitue alors l'acmé de la guerre irrégulière. Les autres cas étudiés, la France traumatisée par le conflit algérien ou la façon dont le Royaume-Uni gère les épisodes en Afrique, montrent les échecs patents de la contre-insurrection, qui obtient des succès tactiques mais qui ne se traduisent pas en résultats politiques. En outre, la modification profonde des conditions politiques et militaires à

1 *Civil Operations and Revolutionary Development Support.*

l'heure de la détente met fin à l'idée d'une contre-subversion globale. Et sur le plan militaire, les méthodes des centurions n'ont jamais réellement plu aux tenants d'un *ethos* classique et conventionnel du combat. Les derniers chapitres analysent donc la décrue d'un phénomène qui se poursuit, à la marge comme en périphérie. Mais ce sont de ces mêmes périphéries que surgissent de nouvelles menaces conduisant à ce que Tenenbaum appelle l'éternel retour de la guerre irrégulière (p. 405), accéléré par le désordre du monde et la fin de l'ordre bipolaire.

Partisans et centurions offre ainsi une leçon d'actualité sur la façon dont les forces régulières occidentales s'adaptent à des formes de conflit pour lesquelles elles ne sont pas préparées. Mais ces formes d'adaptation intellectuelles ou militaires ne durent pas et s'oublient vite. Une leçon d'actualité, à l'heure où l'interventionnisme et l'engagement dans la durée de contingents militaires sont remis en question.

Guillaume Lasconjarias

Abstracts

Lauric Henneton – The Rust Belt Never Sleeps: The Double Resurrection of the Rust Belt

The 2016 presidential election and the unexpected victory of Donald Trump have suddenly put the Rust Belt back at the heart of political football. In a region hit by deindustrialization, Michigan, Wisconsin and Pennsylvania had hitherto been taken for granted as Democratic strongholds but history proved that assumption wrong. An admittedly tiny majority in those three states proved decisive at national level. This article analyses the double resurrection of the Rust Belt, electoral as well as socio-economic. It covers the double polarization at work both in the region and in the country in those two fields and studies the conditions for the Democrats to reconquer the regions in the upcoming elections as well as the strategic dilemmas this prospect raises, between the reconquest of the Rust Belt and the conquest of the Sun Belt, with fairly distinct electorates. Lastly, it shows that any socio-political analysis of the Rust Belt has to go beyond the usual big cities focus to include a county-level and therefore quantitative analysis. A structural link between the two Belts could be a strategy that addresses voters in suburban counties in both regions.

Nicolle Herzog – "Deaths of Despair": A Case Study of Health and Political Outcome in Two Rural Pennsylvanian Counties since 2016

Cet article cherche à détailler la crise des « morts de désespoir », notamment l'épidémie d'opioïdes, et ses conséquences politiques dans les comtés ruraux de Pike et Wayne, Pennsylvanie, qui font partie de la Rust Belt et du nord des Appalaches. Au prisme des témoignages des résidents de Pike et Wayne recueillis pendant 40 entretiens semi-guidés effectués entre l'élection présidentielle de 2016 et l'été 2019, cet article montre les réussites et les insuffisances des actions gouvernementales à différents niveaux (local, de la Pennsylvanie, et fédéral). Cet article conclut que des comtés ruraux, comme Pike et Wayne, doivent répondre directement aux problèmes de la communauté locale, tels que la stigmatisation et le manque de transports publics, compte tenu de la réponse fédérale insuffisante aux éléments socio-économiques de l'épidémie.

Olivier Esteves – Of Rust and Race : The Ethno-Racial Dynamics of Deindustrialisation in Cleveland and Bradford (UK)

This article seeks to denaturalize the 'Rust-Belt', through a micro, transnational and comparative analysis of the evolution of two cities, Cleveland (Ohio) and Bradford in England. Whereas Cleveland epitomizes the Rust-Belt for many Americans, Bradford is a former capital of the textile industry in England (wool). The focus of this article is on the extent to which ethno-racial dynamics have impacted on the evolution of the two cities, notably white flight in Cleveland and Pakistani immigration in Bradford. The 'Rust-Belt' is apprehended here as a primarily reputational phrase, fuelling as it does stigmatizing, outside discourses on a locale. This is particularly so in the case of Cleveland and Bradford, which have been to their detriment associated with topical issues such as environmental ones (pollution of river Cuyahoga and Lake Erie) and Islam and integration of Muslims (the *Satanic Verses* affair in Bradford).

Pierre Baudry – When Populist Leaders Use International Organizations to their Advantage: the Case of Donald Trump and of The Leaders of Alternative Für Deutschland

This article intends to explain how populist leaders use international organizations for their personal benefit and to defend the interests of their country. We start from a comparison between Donald Trump and the leaders of Alternative für Deutschland, Bernd Lucke, Beatrix von Storch, Jörg Meuthen. They all use international organizations as a lever to make their message heard and pursue their electoral agenda. But Trump's action rests on his powers as chief executive of the most powerful country in the world and on his ability to intervene directly at the UN, at NATO and at the WTO, whereas AfD leaders must go through the constraints of parliamentary work in the European Parliament and try to form alliances with other populist parties. However, their ability to act remains limited and they often take destructive rather than constructive aspects.

Agnès Trouillet – A Multiscalar Analysis to Measure the Impact of the Radical Right on the Republican Party (2010-2019)

This article sheds light on the conservative groups within and around the Republican Party, and their strategies to radicalize the Republican agenda. The Tea Party movement exemplifies the myriad organizations operating at the national, state and local levels to influence legislation. The strategy used by the movement to infiltrate the partisan apparatus is directly inspired from the Religious Right, particularly its focus on primary elections and on local and micro-local levels. The analysis is inscribed in a larger research on the Tea Party as a social and political movement and refers to the theoretical frames of structural opportunities and organization. It relies on the results of a field study, conducted with local Tea Party groups in Pennsylvania and Massachusetts from 2012 to 2017 in order to apprehend the movement's *grassroots* dimension. Using concrete examples of activists, it illustrates how conservative actors master electoral strategies.

Derniers numéros parus :

2019

- N° 33 : *Ledébat stratégique américain contemporain : état des lieux*

2018

- N° 32 : *Égalité et mobilité sociale aux États-Unis : La « recherche du bonheur » est-elle confisquée ?*
- N° 31 : *Trump, la gouvernance du chaos ?*
- N° 30 : *Variations américaines.*

2017

- N° 29 : *Le Parti républicain à la croisée des chemins.*

2016

- N° 28 : *Les nouvelles formes de mobilisations raciales aus États-Unis.*
- N° 27 : *La féminisation de la politique aux États-Unis.*

2015

- N° 26 : *Le rapprochement États-Unis - Iran Enjeux et limites.*
- N° 25 : *L'Amérique du Nord, versant sud.*

2014

- N° 24 : *Sécurité et libertés. Une perpective transatlantique.*
- N° 23 : *Laïcités comparées entre les États-Unis et l'Europe.*

2013

- N° 22 : *Les défis de la relation transatlantique.*
- N° 21 : *L'hispanisation de la société américaine.*

2012

- N° 20 : *Les conservateurs et le travail.*
- N° 19 : *La puissance américaine à l'épreuve.*

2010

- N° 18 : *Nouveaux regards sur la politique américaine au Moyen-Orient.*
- N° 17 : *Défense, diplomatie et développement de l'action extérieure.*
- N° 16 : *Les élections de mi-mandat 2010 : chronique d'une défaite annoncée ?*

2009

- N° 15 : *L'éducation, enjeu d'avenir pour l'Amérique.*
- N° 14 : *Les réformes d'Obama, quel bilan ?*
- N° 13 : *L'avenir de l'alliance euro-américaine.*

Politique américaine

Bulletin d'abonnement
ou de
réabonnement

M, Mme, Mlle Prénom

Société/Institution

N° Rue

Code postal ville

Pays

Adresse électronique

	France	Autres pays
1 an (2 numéros)	46 €	54 €

Je souscris un abonnement pour ❒1 an

À partir du numéro

Date Signature/Cachet

Paiement par chèque à l'ordre de

Éditions L'Harmattan

5-7, rue de l'École polytechnique ; 75005 Paris

Bulletin d'abonnement ou de réabonnement

Recommandations aux auteurs

Le comité de rédaction de la revue est ouvert à toute proposition d'article.

Les auteurs sont priés de respecter les lignes directrices suivantes quand ils préparent leurs manuscrits :

- Les articles ne doivent pas dépasser 40 000 signes (espaces compris, mais pas les notes de bas de page) Une bibliographie de 15-20 références est nécessaire.
- Deux résumés, l'un en français, de 10 lignes maximum et un autre, en anglais, de la même importance, doivent être fournis avec le manuscrit, accompagnés de la qualité et des dernières publications de l'auteur.
- Les auteurs feront parvenir leur article par Internet directement aux rédacteurs en chef : fdechantal@univ-paris-diderot.fr pour la politique intérieure, et adehoopscheffer@gmfus.org pour la politique étrangère
- Tous les tableaux, graphiques, diagrammes et cartes doivent porter un titre, indiquer la source et être numérotés.

Toutes les figures doivent être transmises en fichiers séparés d'une résolution suffisante (idéal 300 dpi) et en niveaux de gris. Leurs emplacements doivent être clairement indiqués dans le texte.

- Préférer le plus souvent les notes de bas de page aux notes de fin.
- Une attention particulière devra être portée à la ponctuation : guillemets français, majuscules accentuées (État, À partir de, Égypte, etc.) et à un usage modéré des majuscules conformément aux règles typographiques.

Référence : Collectif, Lexique des règles typographiques en usage à l'imprimerie nationale, Imprimerie Nationale, Paris, 2002.

Modèles de références bibliographiques :

Matthew D. McCubbins, Thomas Schwartz, « Congressional Oversight Overlooked: Police Patrols versus Fire Alarms », *American Journal of Political Science*, vol. 28, n°1, février 1984, p. 165-179.

Andrew Rudalevige, « Obama et le Congrès, un chantier inachevé », p. 289-316 in *Le bilan d'Obama*, Olivier Richomme, Vincent Michelot, dir., Paris, Presses de Sciences-Po, 2012.

Stephen Skowronek, *The Politics Presidents Make. Leadership from John Adams to Bill Clinton,* Cambridge, Mass., Harvard University Press, 1993.

La rédaction s'engage à communiquer sa réponse dans les plus brefs délais. Par ailleurs, elle est susceptible de demander aux auteurs des modifications ou des précisions.

L'envoi d'une contribution implique l'acceptation par l'auteur des conditions de la publication, dans la revue et en ligne, des éditions L'Harmattan.

Transatlantica, n° 2 | 2018

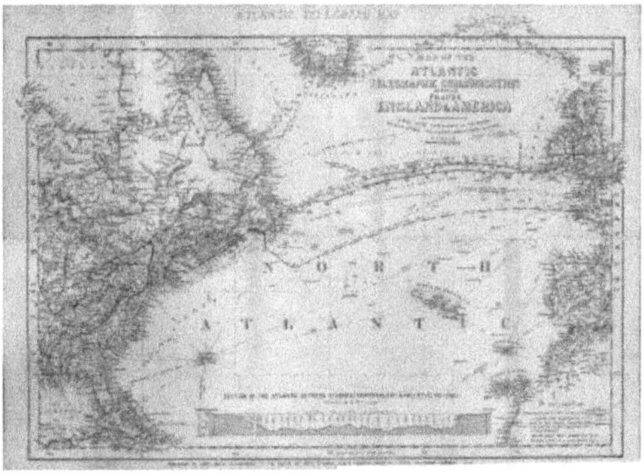

« Les mots pour le dire. Vocabulaire politique et propagande dans une perspective transatlantique »
Dossier dirigé par Claire Charlot et Françoise Coste

Claire Charlot et Françoise Coste
Les mots pour le dire. Vocabulaire politique et propagande dans une perspective transatlantique
Stéphanie Prévost
Espaces et processus de politisation de l'humanitaire. L'Armenian Relief Fund et le National Armenian Relief Committee (1895-1896) : un miroir transatlantique ?
Alice Byrne
Propagande culturelle ou relations culturelles ? La mission ambiguë du British Council, 1934-1954
Raphaël Ricaud
« Ne diriez-vous pas qu'il s'agit là de propagande ? » Le programme d'information internationale des États-Unis en débat (1945-1947)
Sébastien Mort
« Me-too Republicans » et « Republicans In Name Only ». De l'utilisation du name-calling comme stratégie de maintien des frontières idéologiques du Parti républicain des années 1940 au Tea Party
Hors Thème
Agnès Delahaye
Jeremy Belknap and the Origins of American Exceptionalism
Jean Ruhlman
Wild Wild West : une série au carrefour des affirmations dans les États-Unis du milieu des années 1960
Hervé-Thomas Campangne
La réception du traité de Paris (1783) et l'imaginaire des relations franco-américaines

Structures éditoriales du groupe L'Harmattan

L'Harmattan Italie
Via degli Artisti, 15
10124 Torino
harmattan.italia@gmail.com

L'Harmattan Hongrie
Kossuth l. u. 14-16.
1053 Budapest
harmattan@harmattan.hu

L'Harmattan Sénégal
10 VDN en face Mermoz
BP 45034 Dakar-Fann
senharmattan@gmail.com

L'Harmattan Cameroun
TSINGA/FECAFOOT
BP 11486 Yaoundé
inkoukam@gmail.com

L'Harmattan Burkina Faso
Achille Somé – tengnule@hotmail.fr

L'Harmattan Guinée
Almamya, rue KA 028 OKB Agency
BP 3470 Conakry
harmattanguinee@yahoo.fr

L'Harmattan RDC
185, avenue Nyangwe
Commune de Lingwala – Kinshasa
matangilamusadila@yahoo.fr

L'Harmattan Congo
67, boulevard Denis-Sassou-N'Guesso
BP 2874 Brazzaville
harmattan.congo@yahoo.fr

L'Harmattan Mali
Sirakoro-Meguetana V31
Bamako
syllaka@yahoo.fr

L'Harmattan Togo
Djidjole – Lomé
Maison Amela
face EPP BATOME
ddamela@aol.com

L'Harmattan Côte d'Ivoire
Résidence Karl – Cité des Arts
Abidjan-Cocody
03 BP 1588 Abidjan
espace_harmattan.ci@hotmail.fr

L'Harmattan Algérie
22, rue Moulay-Mohamed
31000 Oran
info2@harmattan-algerie.com

L'Harmattan Maroc
5, rue Ferrane-Kouicha, Talaâ-Elkbira
Chrableyine, Fès-Médine
30000 Fès
harmattan.maroc@gmail.com

Nos librairies en France

Librairie internationale
16, rue des Écoles – 75005 Paris
librairie.internationale@harmattan.fr
01 40 46 79 11
www.librairieharmattan.com

Lib. sciences humaines & histoire
21, rue des Écoles – 75005 Paris
librairie.sh@harmattan.fr
01 46 34 13 71
www.librairieharmattansh.com

Librairie l'Espace Harmattan
21 bis, rue des Écoles – 75005 Paris
librairie.espace@harmattan.fr
01 43 29 49 42

Lib. Méditerranée & Moyen-Orient
7, rue des Carmes – 75005 Paris
librairie.mediterranee@harmattan.fr
01 43 29 71 15

Librairie Le Lucernaire
53, rue Notre-Dame-des-Champs – 75006 Paris
librairie@lucernaire.fr
01 42 22 67 13

www.ingramcontent.com/pod-product-compliance
Lightning Source LLC
LaVergne TN
LVHW021225061026
849535LV00008B/2931